なぜ自爆攻撃なのか

―イスラムの新しい殉教者たち―

ファルハド・ホスロハヴァル

早良哲夫 訳

Les Nouveaux Martyrs d'Allah

Farhad Khosrokhavar

青灯社

なぜ自爆攻撃なのか

――イスラムの新しい殉教者たち

装丁　木村凜

目次

第二章　困難に直面している国家単位のイスラム共同体

第三章　国境を超えた新たなイスラム共同体——アルカイダ型の殉教者　165

はじめに

二〇世紀の一〇〇年間、近代社会という名のもとに、人々は宗教を個々の人間のプライベートな問題として脇役に押しやろうとした。ところが、しばらく前から、これ見よがしの宗教活動が再び活発になってきた。そして、社会と縁を切った形で――いや、むしろ社会を相手として戦う形で――公共の場に乗り出し、わが物顔で振る舞うようになった。

この宗教心を押し付けるような風潮は、古風な考え方や習慣が世の中から完全に消えてしまうのを何とかして食い止めようという〝守り〟の姿勢ではない。それどころか、近代社会の動きに合わせて、その存在を止まることなく主張するようになった。しかも、この激しい宗教活動を支えている原動力そのものが、文化の面においても政治の面においても、われわれ人間の存在意義を定義づける基本にもなっている。もっとも、どの宗教にも固有の〝死〟のイメージがあり、その点では共通点も認められるようだ。ちなみに、本書ではイスラムの問題だけを論じているが、それは私――本書の著者――がイスラム以外の宗教について十分な知識や経験を持っていないからにすぎない。

欧米諸国では、イスラムという宗教をめぐる問題とイスラム教徒の過激な行動をめぐる問題が起きているが、それにはさまざまな理由がある。まず、さまざまな意味での縄張り主義や地域主義が次第に消えていく過程にあり、かつてのように自分たちだけの文化を周囲から完全に隔離して守り続けることは困難になっている。一〇〇年ほど前までは、欧米諸国の住民の大多数がキリスト教徒だったが、その割合も現在では著しく低下している。近代になって国際情勢が激しく揺れ動いたり、民族的にも文化的にも宗教的にも多様な起源の人々が混じり合って暮らすようになったりした結果、半世紀ほど前から、少数派であるイスラム教徒の存在が無視できなくなった。フランスには約四〇〇万人、イギリスには一五〇〇万人、ドイツには三〇〇万人以上、アメリカには四〇〇万人前後のイスラム教徒が住んでおり、どこの国でも街の風景からイスラム教徒の姿を消し去ることはできなくなっている。グローバル化した世界では異なる文化や宗教が隣り合わせに混在する状況が生まれており、そのことを象徴する現象にも事欠かない。その中には、マスコミの偏った報道に起因する例もあれば、通信手段が飛躍的に進歩したことによる例もあり、大勢の人が地球の一方の端から他方の端まで容易に移動できるようになったことによる例もある。ボスニアの戦争やパレスチナ紛争のような出来事も、世界中の人々がテレビでリアルタイムに見ることができるようになった。そして、その結果、世界中の人々がほとんど同時に共感を覚えたり怒りに燃えたり連帯感を抱いたり、あるいは拒絶反応を示したりするようになった。それはまた、かつては世界を幾つにも分断していた隔壁が取り除かれたことをも意味している。

欧米諸国に住んでいるイスラム教徒の大多数は、自分たちを迎え入れてくれた国に適応し、最終的にはその国の風景に溶け込んでしまう。過激な思想に染まるのは極めて少数だが、それにはそれなりの理由がある。本書の役割は、その理由や背景について分析することにある。過激化する理由はさまざまだ。まず、旧植民地が第二次世界大戦後に独立したことに伴って生じた問題に目を向けることにしたい。その代表的な例はカシミールで、イスラム教徒の居住地カシミールのなかのインド支配下の部分をめぐって、パキスタンとインドが相争ってきた。また、イスラエルという国の創設と一九六七年の第三次中東戦争（六日戦争）に伴って生じた問題も見逃せない。さらには、ソ連帝国の崩壊に伴って生じた諸問題（ボスニア問題、チェチェン問題、アフガニスタン問題など）もある。

いわゆる聖戦《ジハード》や殉教《シャハーダ》に行き着くイスラム方式の戦いによって、新しい国家が生まれる。そして、その国は建国の道を進む途中で障害に突き当たる。あるいは——イランの例に見られるように——新しい国家が生まれるが、他の国と戦争状態に陥る。イランやパレスチナ、チェチェン、アルジェリア、アフガニスタンなど、たしかに国によって事情は異なるが、いずれの場合も明確な目的と明確な敵を持ち、それに向けて戦いを挑んでいる。イランの場合、イラクに対する戦争の目的は国としての独立とイスラム革命によって獲得したものを維持するのが目的の一つだったが、イラクという敵と戦うことも目的の一つだった。もちろん、反欧米色の濃い論理は容易に受け入れられることから、イスラム革命の当初の段階では帝国主義の打倒を旗印に掲げていたが、この旗印は早々と脇のほうに押しやられた。

これとは基本的に異なる性質の殉教が、二極世界の一方のソ連帝国が崩壊したのを受けて日の目を見た。それは、アルカイダ型の殉教である。この型の殉教にも、各国の個別の状況に根ざした殉教と共通の面は少なくないが、アルカイダの殉教者たちを奮い立たせる主観的な考え方や、彼らが世界に対して抱く強い憎しみの念は独特である。

ここで分析の方法を提案したい。まずは書かれた文章の研究に基づく分析だが、それに加えて、社会学者・人類学者として、私がイスラム世界とフランスで得た関連分野の経験に基づく分析も欠かせない。しかし、それと同時に、過去一年半にわたって私がフランスの刑務所で実施したイスラム教徒に対するインタビューを紹介し、それに基づく分析も行いたい。インタビューした相手のなかには、テロ計画に加担した罪で有罪判決を受けたイスラム教徒や、イスラム過激派のネットワークに加盟していた容疑で起訴された人もいた。

彼らと議論することによって、そのなかから彼らが取った行動の具体的な背景や、彼らが何をどう考えているのかという点に光を当てることができた。一つの共通点がある。これらの殉教者たちは「アラーに取りつかれている」人々と見なされている。そして、欧米風の生活に溶け込めなかったり断絶や反発を感じたりすることが、その行動の土台になっている。彼らには性格上の問題――あるいは少なくとも欧米の社会に同化できないという問題――がある。言い換えれば、近代性に欠けた人々であり、自主的な判断力を持つ個人として、また自分のすることに責任を持てる個人として生きることができない人々だ。さらに、彼らは社会に反旗を翻した結果として社会からも経済からも見放され、本流に乗ることができないまま〝つまはじき〟にされてしまう。事実、フランスの都会の郊外《バンリユー》やイギリスの都会の貧民街に住んでいる若者たちの実態を見ると、こういった見方もある程度まで納得できる。受刑者のなかにはアルカイダ型の殉教者も少数ながら含まれているが、この型の殉教者の大多数は、こういったカテゴリーから外れている。アルカイダ型の殉教者の場合、その主観性——つまり、他に通じない自分だけの考え方——が、社会から〝つまはじき〟にされた人々の主観性と異なっている。アルカイダ型の殉教者の多くは中流階級の出身で、社会に溶け込むこと自体に特に問題はない。彼らは欧米の市民社会の平均的な生活水準を上回る暮らしをしており、下回る例はほとんどない。国境を越えたアルカイダ型のテロリストになりそうなイスラム活動家は、大方の人々が想像しているよりもはるかに複雑である。言い換えると、テロリストのイメージと実態との間には、かなりの食い違いがある。テロリストは古い時代の考え方をそのままの形で受け継いでいるだけだとか、複雑な現代社会のなかで自己の存在を主張できないため精神状態が不安定になったり、先輩のイスラム主義者などに操られたりしている無邪気な連中にすぎないというのが、一般に信じられているイメージだろう。それも部分的には的中しているかもしれないが、肝心のところが欠けている。実は、そういった一般に信じられているイメージとは逆に、ある意味で彼らは現代社会の申し子であり、国境を超えた新しいイスラム共同体の形成を理想と信じている人々なのだ。彼らの胸中でうごめいている論理は、近代社会の異端の宗派の論理に似ている。

現代のイスラム社会に見られる殉教の形式は多様化しているが、それと同時に、ここでは二つの問題点に注目しておきたい。その一つは、殉教を分析する際に、それぞれの事例を特徴づけるような点だけに目を向けて個別化したり、それとは逆に過激な行動は原理主義やイスラム主義が表に出ただけだと一般化したりすることである。このような視線で分析を行うと、結果として判断を誤る恐れがある。ここでは、殉教者たちの主観的な見方の内面にまで深く入り、何が彼らの行動を動機づけているのか、何を目指しているのか、どのような世界観を抱いているのか、なぜ世界に反発しながら世界に同化しようとしているのかなどについて、可能なかぎり探ってみたいと思う。もちろん、彼らの行動や世界観について弁解したり擁護したりするのではない。相手を理解することは、決して相手を正当化することではない。相手を十分に理解しないまま十把一からげにして悪者扱いにしたり、彼らの考え方に昔ながらの——あるいは前近代的な——ビジョンを無理やり重ね合わせたりしていたのでは、完全に手段を誤ることになる。なぜならば、そんなことに固執していたのでは、われわれが生きている現代社会の居心地の悪さについて腰を落ち着けて考えてみることなど不可能になるからだ。第二の問題点は、イスラムを旗印に掲げる急進的な行動のすべてを「イスラム主義」というカテゴリーに仕分けしてしまうことである。

この作業は、私自身が一九七七年から一九九一年までイランで経験したことや、一九九二年以降にフランスで取り組んだ現地調査《フィールドワーク》から着想を得たもので、殉教者たちの持っている極端なまでに偏った世界観を十分に理解するためには、それなりの下準備が必要だった。その点では、イスラムが何かにつけて土台になった。疑問などが生じた場合、イスラム神学やイスラム人間学に照らし合わせてみると、宗教的な急進主義は部分的ながら正当化されることも少なくない。しかし、必要なのは、そういった枠組みを超えて宗教と現代社会における日常生活が相互に影響しているかどうか——しているとすれば、どのように影響しているか——を解明することであり、殉教者たちの偏った世界観に押されてイスラムが予想外の方向に進み始める過程に光を当てることも肝要である。

殉教の二つのタイプ

イスラム教徒の社会では、殉教者は英雄と聖者の中間に位置している。シーア派でもスンニ派でも聖者は——現実には——間違いなく存在するが、スンニ派の本来の教義は聖者の存在を認めていない。アラー自身とアラーが創造した人間の間に中間的な存在があってはならないからだ。厳密に言えば、預言者ムハンマドも単なる人間にすぎない。アラーが預言者や聖者たちに超人的な能力——これを祝福《バラカ》と呼ぶ——を与えたという考え方に基づいて聖者という概念を巧みに導入したのは地域的な慣行だが、同じような慣行は信者の団体や禁欲主義的なスーフィー教団の修道場《ザーウィヤ》、それに異教徒に対する要塞を兼ねた修道院《マラブート》などでも見られた。ちなみに、このバラカは財産を増やしたり病気の予防や治療をしたりする能力、もっと一般的には、信者の願いに応えて慈悲を垂れることを意味している。

イスラムでもシーア派(1)の場合は、カトリック教の聖人に相当する存在として一二人の歴代指導者《イマーム》がいる。このイマームたちは、預言者ムハンマドのいとこであり娘婿でもあるシーア派初代イマームのアリーを介して預言者ムハンマドの間接的な子孫であり、人間とアラーの間を取り持つ仲介者としての役割を果たした。その結果、シーア派の聖者のイメージは八七四年に第一二代イマームが姿を消す——これを幽隠《ガイバ》と呼ぶ——までに定着したが、それまでは何かにつけて身内を聖者に推し立てようとする共同体も少なくなかった。しかし、こういった共同体はスンニ派から白い目で見られ、とかく迫害の対象となった。一方、殉教者は聖者ではないが、ひとたび聖なる死を成就した暁には聖者と肩を並べ、天国への道連れになることができる。殉教者は英雄に値するが、その行いは来世で功徳の対象になる高潔な宗教的行為であり、世俗的な意味での英雄としての価値判断とは関係ない。これに対して、スンニ派の殉教者は、アラーのおぼしめしに従って聖戦《ジハード》に参加して死に至った者を意味している。また、聖なる死の志願者を増やすための〝殉教者製造所〟の普及は、古い時代の名残ではなく、現代化した社会の産物にほかならない。

こういった新しいタイプの殉教者の出現は、古い時代のイスラム社会を再び活性化しようとする動きでもないし、ましてやイスラム社会の現代化に反対して立ち上がった運動でもない。新しいタイプの殉教者は古い慣行に縛られることなく、時には極端な――そして、時には病的なまでに異常な――行動に走る人々なのだ。もっとも、古い慣行に縛られないとしながらも、殉教者自身は古くから伝わる殉教を正当な行動と理解し、その姿に自分の姿を重ねて行動を正当化している。この点は、イスラム系の社会学者の間では早くから問題になっていたが、イスラム共同体を中核とする古い時代の生活形態と、それとは一線を画す新しい時代のイスラムの考え方の間には、明らかに論理的な矛盾がある。こういった新しい現象を「イスラム主義」と呼ぶ傾向が見られるが、古い時代の殉教の精神を明確に定義づけないまま流用しており、殉教のあり方を根本から覆す結果を生んでいる。

聖なる目的のために自分を犠牲にするという意味の殉教は大多数の宗教に見られる考え方で、

特にアブラハムの流れをくむ宗教〔訳注　ユダヤ教、キリスト教、イスラムは、いずれもアブラハムの流れを汲んでいる。なお、アラビア語ではアブラハムをイブラヒムと呼んでいる〕で顕著な現象である。殉教を意味する単語は、キリスト教でもイスラムと同じように「証人」——つまり、不正や抑圧に対して立ち上がる人々——という意味と結び付いている。イスラム以外の宗教で「殉教」と「証人」が強く結び付いているのは、インドのシーク教である。シーク教の場合、不正を行う者の心には神の存在を否認する気持ちがあり、抑圧者は異端者だという考え方がある。ここにおいて、異端者や宗教を軽視する者との戦いが待ったなしに開始され、死に至るまで戦い続けることになる。神の教えをないがしろにする者は、暴君や抑圧者と同列に置かれて糾弾される。

そういった殉教の実態を見ると、そこには二つのタイプがあることに気づく。その一つは「守りの殉教」だ。異端者や抑圧者を相手取って、暴力を振るって戦うのではない。異端者や抑圧者に対して暴力を用いることなく反抗し、自らの正しさを——死を恐れることなく——証言し続けることである。キリスト教徒の殉教者は、このタイプに属している。キリスト教徒の殉教者は暴力的な行動を否定する。しかし、公認の宗教を受け入れさせようとするローマ皇帝や総督の命令に服することをも拒否する。守りの殉教者を結果として助成した宗教はキリスト教だけではない。一九六〇年代、体制に対する抗議行動として焼身自殺した僧侶〔訳注　ベトナム戦争中の一九六三年六月一一日、サイゴン（現在のホーチミン市）の目抜き通りで、一人の僧侶がガソリンを浴びて焼身自殺をした〕など、仏教にも同じような例がある。

もう一つは「攻めの殉教」だ。抑圧者や異端者と見なされた相手に対して積極的に戦いを挑み、必要に応じて暴力も使う。自分自身が犠牲になるかもしれないが、勝つか負けるかの一本勝負で敵を壊滅することができれば、自分自身が犠牲になることもいとわない。

　どちらのタイプの殉教も自己犠牲という面では共通しているが、行動の形態は異なっており、全体として同一視することはできない。

守りの殉教

　殉教者を意味するフランス語のmartyr《マルティール》は、ギリシャ語のmarturos《マルトゥロス》から来ている。本来、この言葉は「証人」を意味しており、古代ギリシャの法廷で多用されたが、紀元二世紀以前に「正義のために死ぬ」という意味で使われたことはなかった。しかし、この新しい意味が一般化するに伴って、法廷用語の「証人」の意味で使われることは次第に少なくなっていった。二世紀以前に殉教を表す適切な単語がなかったからといって、キリスト教徒の世界に殉教という事実や死を泰然として受け入れた殉教者が存在しなかったわけではない。二世紀初頭の聖イグナティオス［訳注　アンタキア（現トルコ中西部の古都）の司教。ローマに連行され、ライオンの餌食にされた］の自己犠牲など、実例には事欠かない。死に直面した聖イグナティオスは、彼を待ち構えていた拷問を喜んで受け入れたという。

　キリスト教徒の殉教は古代ローマ帝国[2]で注目されるようになったが、ローマ人たちにとっては理解を超える驚くべき現象だった。理性を重視するストア哲学の信奉者でもあったローマ皇帝マルクス・アウレリウス（在位一六一～一八〇）は「理性を備えた人間が、なぜ理性にもとる自殺的な行為に走るのだろうか」と不思議がった。特に理解できなかったのは、死に至る最後の一撃を自分自身ではなく他人の手に委ねることだった。

キリスト教徒の殉教志向を知った異教徒たちは、そこに精神異常の兆しを感じ取った。異教徒たちは、キリスト教徒が皇帝や行政官の怒りを意識的に誘い出して死を急ごうとするのを見て驚いた。異教徒にしてみれば、己の心に背いてまで総督や皇帝の命令に従いたくないというキリスト教徒の気持ちも分からなくはない。しかし、これ見よがしに命令を無視したり、命令無視の前例を見習ったりするような行動をして、わざと死に向かって進む姿は、正常な神経とは思えなかった。

カエサリアのエウセビオス［訳注　パレスチナの神学者（二六〇ころ～三三九ころ）］によれば、キリスト教徒を迫害したことで知られるローマ皇帝ディオクレティアヌス（在位二八四～三〇五）の施政時に最初の殉教者となったプロコピウスという人物は、多神教の神々の存在を認めろという行政官に面と向かって「自分にとって神は一人しかいない。その神のためならば自分の命を捧げてもよい」と述べ、命令を拒否したという。このため、プロコピウスは首を切断された。殉教者たちは、追随を求める施政者の命令に対して体を張って反対することも辞さなかった。アッピアノスという名の若者の例がある。行政官ウルバヌスが神々に献酒［訳注　酒やミルク、油などを供物として注ぐこと］をしようとした。するとアッピアノスがウルバヌスに歩み寄り、ウルバヌスの右手をつかんで献酒を妨げた。そして、供物を偶像の足元に捨てるようウルバヌスを説得し始めた。エウセビオスによれば、アッピアノスは行政官の側近たちに取り押さえられ、野獣のように八つ裂きにされたという。ローマ帝国の権力者にとって、このようなキリスト教と殉教はローマの神々を侮辱するだけにとどまらず、人々の間にキリスト教を浸透させようとするための〝これ見よがし〟の行為だった。さらに、殉教者が一人ではなくグループの場合は、そういった側面も拡大される。パンフィリウスという人物の殉教も、その一例である。エウセビウスによれば、三一〇年二月、パンフィリウスは一一人の仲間と手を携えて行政官に反抗した。キリストの一二使徒にちなんだ人数で、キリスト教徒にとっては聖なる数である。パンフィリウスら一二人は二年間を牢獄で過ごしたあと死刑に処せられた。

キリスト教徒の殉教に見られたもう一つの特徴は、女性が参加する可能性である。女性の殉教者は数少ないが、異教徒の神々を否認することにかけては、男性に勝るとも劣らなかった。バレンティーナという女性の例がある。ローマの法廷に引き出された彼女は、ローマ人の神々を信じるならば命だけ助けてやると言われた。この勧告を拒否したバレンティーナは、祭壇の前に連れていかれた。しかし、祭壇に頭を垂れて服従を誓うかわりに、バレンティーナは炉をひっくり返した。炭火は赤い炎を上げて燃え広がった。彼女は拷問を受けて死んだ。

キリスト教徒の殉教には奇跡が伴うこともある。例えば、ある墓地がキリスト教徒の埋葬を拒否し、遺体を野ざらしにして動物たちが食い荒らすまま放置した。間もなく雨が降り始め、雨滴が神殿の石柱に当たって激しい音を立てた。地面全体が――キリスト教徒に加えられた無礼に耐えられなくなったかのように――大声で泣いていた。

要するに、キリスト教徒の場合は、宗教上の事柄に関する皇帝《カエサル》の命令を拒否することが殉教の根底にある。そして、権力者によって与えられた死は、その結果にすぎない。しかしながら、死の可能性が迫ってきたとき、どの段階で死を受け入れる気持ちになるのだろうか。その段階を通りすぎると、もはや死はカエサルの命令に違反したことによって生じた結果ではなくなり、死ぬこと自体が目的となり、この世から消えたいという願望に変わってしまう。死は自分が信じる神の教えとは相いれない宗教を拒否する姿勢を敢然と示すと同時に、この世——涙に満ちた悲惨な谷であり、偽善者が権力を握っている現世——を去りたいという熱烈な願望をも示している。初期のキリスト教徒の殉教者も死への「熱烈な願望」を抱いていたが、二〇世紀のイランのシーア派の殉教者たちも同じような願望を抱いて死んでいった。このほか、イランの殉教者の間では「死を渇望する《テス・マルリアスル・エビトミア》」という表現も使われている。

このように、当初、殉教は「宗教的な理想を求めて命を失うことになるかもしれないが、決して死を望んでいるわけではない」という意味だったが、それが「天国で輝かしい日々を過ごすために死を望んでいる」という意味に次第に変化していった。そして、そのような死を望む理由として常に挙げられるのは、現世の虚栄であり、現世の無常であり、現世にとどまることの絶望感であり、現世以外の場所——神の目にかなった選良たちのための天国——で至福の時を過ごしている人々との合流を望む気持ちだった。こういったキリスト教徒の動きも、最初のうちはローマ人たちの信じている多神教の正統性に疑義を抱いたり、キリスト教と相いれない行政命令に反対を唱えたりしていただけだったが、やがては外部の力を借りて自殺しようとする気持ちに変わっていった。この外部の力が、古代のキリスト教徒にとってはローマ帝国の権力者であったように、イラン殉教者にとってはイラクの軍隊だった。

殉教に際しては、感情の倒錯が見られる。通常、死には恐怖と悲嘆が付き物だ。ところが、殉教に関する文献に書かれているのは、殉教者の無常の喜びや満ち足りた気持ちを表す笑顔であり、さらには刑を執行される瞬間に殉教者が発する笑い声である。こういった殉教者の反応は、イランの殉教者のほか、レバノンやパレスチナの殉教者にも共通している。

ローマ帝国では、自ら死を熱望して命を捨てる殉教者が三世紀の初めから増え続け、四世紀初頭には無視できないほどの数に達したため、神学者たちも事態の収拾に乗り出した。そして、自分の信仰を守り、異なる宗教を押し付けようとする者に抵抗するのは正当な行為だが、ただ単に聖なる死を遂げたいと願うだけの理由で死を急ぐのは宗教に反する行為であるとした。聖アウグスティヌス［訳注　古代ヌミディア王国（現在のアルジェリア北部）の司教（三五四～四三〇）。神学者でもあった］もこの種の死を非難し、モーゼの十誡《じっかい》［訳注　神が紀元前一三世紀ごろのイスラエルの指導者モーゼを通じて与えたという一〇個条の戒め］にある「汝、殺すなかれ」の対象を殉教者を含むすべての人間に広げた。これを機に、「自ら死を選ぶのは殺人であり、一人の人間の命を奪うことにほかならない」という考え方が確立した。

攻めの殉教

攻めの殉教者は、宗教的に認められた正当な暴力を使って敵を抹殺したいという願望に駆り立てられている。この戦いの相手は信仰心に欠ける圧政者であることが多い。この考え方は、イスラム教徒の殉教者を活気づけるだけにとどまらず、インドのシーク教徒などにも強い影響を与えているが、スリランカの反政府組織「タミル・イーラム解放のトラ（ＬＴＴＥ）」などに見られるように、ナショナリズムを鼓舞する結果に結び付いている例もある。

シーク教徒の殉教とイスラム教徒の殉教の間には、明らかに共通点がある。シーク教の場合、第五代導師《グル》アルジャンの殉教は、この宗教が一六〇六年に軍隊化するきっかけとなった。アルジャンの孫にあたる第九代グル・テグ・バハドゥールの殉教は、一六九九年に第一〇代で最後のグル・ゴビンド・シンによる精鋭部隊ハルサの創設につながった。シーク教徒の間で殉教者を意味する単語はアラビア語と同じ「シャーヒド（複数はショハダー）」で、ペルシャ語でも同じ単語が使われている。しかも、この単語には——イスラムの場合と同じように——シーク教の場合も二つの意味が含まれている。

第一は「犠牲」——アラビア語では「クルバン」——であって、血を流すことによって神に近づくという概念を表している。この「クルバン」という単語には「近接」を意味する「クルブ」が含まれている。しかし、これとは直接関係のない第二の意味があり、この第二の意味のほうがシーク教では重要視されている。それは「圧政に対して戦い、死をもって不正を糾弾する証言」である。二つの意味は補完し合っている。宗教のために自己を犠牲にすることは、非宗教的な圧政者に対する戦いの結果なのだ。シーク教徒にとって、殉教者は尊敬の対象であると同時に美徳の象徴であり、真実の象徴であり、道徳的な規範でもある。シャーヒドは、悲劇的な状況のなかで自己の信じる宗教が真実であることを証言し、正義を守り抜くために血を捧げる。たとえ命を捨てても、聖なる目的のために抵抗するという理想は最後まで変わらない。

第一章　イスラム

殉教《シャハーダ》や殉教者《シャーヒド》という言葉は、イスラム世界で不思議な運命にもてあそばれてきた。コーランでは、シャハーダは「聖なる死」ではなく「証拠」を、シャーヒドは「証人」を意味している。コーランを読むと、アラーのために命を投げ出すという意味の表現としては、「アラーの道で死ぬ」や「アラーの道で倒れる」、「アラーの道で殺される」、「アラーの道で戦う」といった表現が使われている。この「アラーの道《サビレラー》」という言い方が、やがて殉教への道を示す主要な表現になっていく。

シャーヒドが証人と殉教者の両方の意味を持つギリシャ語の marturos《マルトゥロス》と併用されたのち、次第に殉教者の意味で使われるようになったのは、イスラム教徒がパレスチナを征服した七世紀以後だとされている。このことは、さまざまな状況証拠から見て間違いない。そのころから、シャーヒドは、来世で大いなる褒賞が与えられるという約束を信じて不信心者を相手に戦って命を落としたイスラム教徒を指すようになった。つまり、殉教者は自らの行為を通じて信心深さを示した証人なのだという考え方が、この意味上の移り変わりの背景を物語っている。

キリスト教の場合、聖なる死を遂げることは、ひたむきな信仰心を神に示すと同時に、人々に対しても自分の信条に偽りがないことを示している。このように、自分の行動の正しさを神と人の両方に示すという考え方は、イスラムの場合にも見られる。しかし、イスラム教徒のシャーヒドとキリスト教徒のマルトゥロスの間には、明らかに基本的な違いがある。キリスト教徒の場合は、自分の宗教を押し付けようとする権力者の意向をキリスト教徒が拒否して死を選んだ。キリスト教徒は、自分たちに改宗を迫る異教徒ローマ人の命を奪おうとはしなかった。その代わり、自分たちが信じる宗教の教えに反する行為を強いる権利など誰にもないことを、死をもって示したのである。一方、イスラム教徒の殉教は、アラーの教えを認めようとしない敵と戦った結果としての死である。信者を殉教死に導いたのはアラーの道での戦いにほかならない。コーランは告げる。「アラーの道で戦う者は、戦死か勝利かのいずれかを手にする。いずれの場合でも、われわれは戦った者に素晴らしい報酬を与えるだろう（第四章・第七四節）」

この点について、コーランは次のようにも告げている。「確かに、アラーは、天国と交換に信者たちから信者自身と財産を買い取った。この信者たちはアラーの道で戦い、相手を殺し、自分も殺されるのだ。これは、律法《トーラー》、福音、およびコーランに記されているように、アラー自身も守らなければならない正式の約束である。それに、アラーは誰よりも約束に忠実だ。それゆえ、この交換を喜びなさい。それこそ、こよなき幸運ではないか（第九章・第一一一節）」

イスラムの殉教が正当化されるのは、このコーラン第九章「悔悟」に記されている「アラーの道で殺すか殺されるか」というキーセンテンスに根拠がある。殺しても殺されても、天国は約束されている。ただし、殉教の基礎を築いたコーラン第九章には、のちに聖なる死のキーワードとなる「殉教者《シャーヒド》」という単語も「殉教《シャハーダ》」という単語も出てこない。しかし、「アラーの道で」聖なる死を遂げるという考え方は明確に示されており、その後、さまざまなイスラムの伝統に取り入れられることになる。

キリスト教の場合、暴力を振るうのは権力者であって、これに対して一般のキリスト教徒が同じような暴力を振るって反抗することはない。しかし、イスラムの場合、アラーの敵に対して暴力を振るうことは正当な行為であり、殺すことも殺されることもある。敵が罪に問われることなくイスラム教徒に暴力を振るうことなど許されない。もしアラーの戦士が相手を殺したら、戦士はアラーから褒賞を与えられる。もしアラーの戦士が命を落としたら、戦士は天国に居場所を与えられる。こういった面で、イスラムにおける殉教はキリスト教における殉教と全く異なる意味合いを持っている。イスラム教徒にとって暴力行使は正当な行為であり、その教徒の運命は「アラーの道での戦い」の結果によって決まる。暴力は一方通行――ましてや、相手側からの一方通行――ではない。暴力はアラーの信者が自分の信条に基づいて行う正当な行為にほかならない。

殉教とは何かという問いに対して、次のようにまとめることができるだろう。

・アラーの道で戦うことには、膨大なメリットがある。
・この戦いで命を落としたら、殉教者となり天国に送られる。
・殉教は、戦場で相対した敵の手による戦死（あるいは、それと同一視することができる死）によってもたらされた、意図せざる結果である。戦場では、敵を制圧する――あるいは消滅させる――という明確な目的をもって戦ったのであって、敵の手によって命を落とすことは目的ではない。

・殉教は、イスラム教徒にとって、殺すこと、殺されること、あるいはアラーの教えを危険に陥れる異端者や不信心者に対して正当な暴力を振るうことを、積極的に約束し履行することを意味する。

・この点で、イスラム教徒の殉教はキリスト教徒と大いに異なっている。イスラム教徒の場合、敵に対して肉体的な暴力を加えることを拒否するという考え方は存在しない。それどころか、敵を制圧する――できることなら滅亡させる――という積極的な意思が感じられる。そして、そこには、信者が命を落とすか不信心者が命を落とすかの二者択一の結果しかない。

ジハード、すなわち聖なる戦い

このように、イスラム教徒が考える殉教とキリスト教徒が考える殉教は、暴力が双方向か一方的かという点で異なっている。そして、このイスラム教徒の殉教は、もう一つの基本的な概念である聖戦《ジハード》と密接に結びついている。ジハードとキリスト教徒の十字軍の大きな違いは、ジハードがイスラム神学に基づいているのに対して、十字軍には神学的な基礎が欠けていることである。キリスト教国では、当初は十字軍の名において、その後は南米大陸その他の先住民をキリスト教徒に改宗させるという口実のもと、税の不当な徴収や権力の乱用が繰り返されたが、そのような行為を正当化する神学的な裏付けはなかった。

　ジハードという概念は、イスラムが部族間の争いをイデオロギーの問題としてとらえたことが発端となり、アラビア半島で日の目を見た。アラビア半島では、イスラムのほかに、ユダヤ教徒、キリスト教徒、異教徒［訳注　三大宗教（ユダヤ教、キリスト教、イスラム）以外の宗教の信者および不信心者］など、宗教を異にする共同体の間の考え方の食い違いや利益の衝突が原因となり、部族間の紛争が絶えなかった。これに対して、イスラムは紛争の宗教的な側面に焦点を合わせ、この種の紛争を「ジハード」と呼び始めた。この単語の意味も、最初のうちは多かれ少なかれ揺れ動いたが、次第に「アラーの道で……」という表現とともに使われて、規範的な意味を持つようになった。その結果、単なる部族間の対抗意識や経済的な利害の衝突という枠を超えて、異なる宗教間の対立を意味する普遍的な表現に発展していった。

　イスラムの場合、ジハードと殉教は密接に結びついている。ただし、コーランを読んでも、そのようは意味合いでは使われていない。実は、イスラムに関する古典的な文書は、この問題について十分に語っていない。このテーマは重要性に欠けていたか、あるいはイスラム法学《フィクフ》［訳注　アラーが示した規範の体系で、イスラム法《シャリーア》を理解し、それを社会生活で実践するための指針］の対象になっていなかったのだろう。一方、ジハードを語るとき、世界を二つの部分に分ける慣習があった。一つは「イスラムの地《ダル・アル・イスラム》」であり、もう一つは「戦争の地《ダル・アル・ハルブ》」である。シャーフィイー派[1]は「条約の地《ダル・アル・アハド》」という第三の地の存在を認めており、そこでは非イスラム教徒と結んだ平和条約が適用される。非イスラム教徒がイスラム教徒と休戦条約を結んで地租税を支払った場合、その非イスラム教徒が支配する地域は「和平の地《ダル・アル・ソルフ》」となる。

イスラム教徒が非イスラム教徒からの攻撃の脅威にさらされている場合、イスラム教徒を守るためにジハードが宣言されることもある。その場合は、すべてのイスラム教徒が個人として参加しなければならない。これに対して、世界にイスラムを広めるためにジハードが実行された場合は、集団として参加する義務がある。言い換えれば、参加することは、イスラムの地域社会全体としての責任とされる。もちろん、個人的な事情によって直接参加が困難な場合は、戦士としてではなく、ジハードに必要な物品や奉仕を提供してもよい。

このように、同じジハードでも、攻めるジハードと守るジハードとの間には根本的な違いがある。それゆえ、預言者ムハンマドの没後に後継者《ハリーファ》［訳注　預言者ムハンマドの後継者を意味している］の勢力圏が次第に広がりを見せていたころ、信者の中にはジハードに参加する義務を免れ、戦士としての役割をイスラム教徒の軍隊に委ねる例も少なくなかった。ジハードが本来の姿に立ち戻る傾向が表れたのは、ヨーロッパ諸国が軍事力を行使してイスラム諸国を植民地化するようになった一九世紀になってからである。特に、ヨーロッパ諸国の植民地支配に対する抵抗が政治と宗教の両面で表面化した初期に、その傾向が急激に広がった。一九世紀末の中央アジアやイランにおける抵抗、一九世紀初頭に少数民族への支配権を拡張しようとしたロシアに対する抵抗など、非イスラム諸国を相手とする戦いは、いずれもジハードをキーワードにすることによって正当化された。

ジハードについては、もう一つ相違点がある。この相違点はイスラム過激派から軽視されているが、過激な思想を拒否しているイスラムの新しい潮流——例えば、新たな宗教改革を主張しているイランのモジタヘド・シャベスタリやアブドルカリム・ソルーシュなど——からは重要視されている。この場合、ジハードを小ジハード《ジハード・アスガル》と大ジハード《ジハード・アクバル》の二つに分けて考えなければならない。ジハード・アスガルは異教徒との戦いであり、ジハード・アカバルは神聖な律法に対する——イスラム教徒自身の心の奥底における——違反との戦いを意味している。このジハード・アカバルは、神秘主義《タサウフ》者［訳注　欧米では「スーフィー」として知られている。スーフィーは禁欲的な修行を通じて、ひたすら神を求めるよう努力し続ける］のイスラム教徒に多く見られる。彼らは自分の心を奥底から清めてアラーをお迎えしようと考えている。そして、その目的を達成することができるならば、アラーへの愛のために死ぬことなど恐れない。彼らを不信心者とみなす他のイスラム教徒の手にかかって死ぬことも、決して珍しいことではない[2]。

　神秘主義のイスラム教徒のジハードでは、まず真正面から〝自分自身〟を見詰めて、神の教えに背きかねない自分の弱さを克服しなければならない。しかし、この視点に立って自分自身を見詰めると、いかにも神に反抗しがちな人間であることが分かる。それは、まさに悪魔のイメージだ。彼——つまり自分自身——は強情なまでに自己中心的であり、せっかく彼を迎え入れようとしている神をかたくなに拒否しているではないか。戦う相手は自分自身であり、外敵ではない。一方、過激化したイスラム教徒は戦う相手として自分自身よりも外敵を選ぶようになり、戦闘的な視野に立って自分自身を振り返る。すると、そこには弱さに打ち勝つことができないまま、外敵との戦いに及び腰になっている自分自身を発見する。しかも、その自分自身は、神の道を進むことを放棄して、以前と同じ平穏な道を歩むよう呼びかけているではないか。とんでもないことだ。戦うべき相手は神を信じない外敵なのだ。そのためには自分の心の奥底に根差している自己中心主義を克服し、至上の犠牲的行為のために命を捨てる覚悟を固めなければならない。

このように、二つのタイプのジハード（自分自身に対するジハードと外敵に対するジハード）の間には、何かにつけて著しい相違点がある。イスラム過激派の場合は、異端者と戦わなければならない。そして、そのためにイスラム教徒は自己犠牲を受け入れなければならない。これに対して、内なる自分自身を見詰めて魂の静寂を求めるタイプのイスラム教徒にとって、外敵との戦いはイスラムの教義と相いれない外部世界の動きに振り回された見せかけの行動にすぎない。そんな外部の動きに目を奪われず、イスラム教徒は自分自身の心を清めながら一歩一歩上の段階を目指して進み、神の道に近づくように努力しなければならない。二つのタイプのジハードは、イスラムの歴史のなかで反目しながら共存した。しかし、しばしば両者の対立はイスラム教徒同士の内部抗争に発展し、結局は内なる敵との戦いを重視するスーフィーの絶滅につながった。イスラム思想家は全体としてスーフィーの考え方に否定的だが、急進的な思想家のなかにも——イランにおける一九七九年のイスラム革命の指導者ホメイニ師のように——両者の考え方を結びつけようとした例がある。ホメイニ師は、神の道における殉教という行為の意味する献身的な愛にスーフィー寄りの説明を付し、神への愛が強ければ強いほど、神の懐で殉教して自分自身を消滅させることに喜びを感じるとしている。

コーランとジハード

コーランは非常に重要な本であり、その奥行きは計り知れない。神の慈悲や慈愛を賛美した章もあれば、信仰のあり方を説いた章もある。さらには、異端者に対する神の怒りや異端者に加えるべき罰について述べた章もある。こういった奥行きの深さは、旧約聖書にも見られる。

しかしながら、コーランの記述を、預言者ムハンマドの言葉に基づく慣行《スンナ》や長い歴史を通してイスラム有識者《ウラマー》の間に生まれた統一見解などと切り離して読み解くと、章によっては現代の良識と相いれない部分がある。言い換えるならば、イスラム過激派の考え方がコーランに基づいているとしても、それはイスラムの潮流の一つにすぎないのであって、決して唯一無二の潮流ではない。過激派はコーランの一部の章を他の章よりも重視している。例えば、ジハード戦士の存在を重要視する人々は、コーランの「悔悟」の章の第二九節を引き合いに出すことが多い。「アラーをも最後の日が来ることをも信じようとせず、アラーとアラーの使者ムハンマドが禁じたものを禁じようとせず、聖典を受け取った身でありながら真実の宗教を信奉しない人々に対しては、その人々が屈服して人頭税《ジズヤ》を自ら進んで支払うまで戦い続けなさい」

この章に出てくる「人々」は、聖典の民、すなわちユダヤ教徒とキリスト教徒を意味している。もっとも、イスラムの一部の宗派によって聖典と認められた教典を有するゾロアスター教の信者も含まれるという学説もある。この章の対象は戦いであって、聖典の民が人頭税の支払いを承諾するまで戦い続ける必要性を説いている。他の章と切り離して、この章の内容だけに焦点を合わせると、非イスラム教徒を相手として最後まで戦い抜く姿勢を正当化している。

しかしながら、コーランの他の章に目を移すと、この第二九節の波及効果を和らげる説明が散見される。例えば「牝牛」の章の第一九〇節には「戦いを挑んでくる者がいたら、アラーの道で戦いなさい。しかし、こちらから先に限界を超えてはならない。アラーは戒律に背くものを決して好まない」と述べられている。これは、戦いを挑んできた者だけを相手として戦えという意味である。

「ジハード」のことは「巡礼」の章の第三九節に出ている。この節は「攻撃された人々には［自らを守ることが］許される。なぜならば、この人々は侵害されたからである。アラーが助けてくださることは間違いない」と述べている。ここでは「ジハード」は明らかに専守防衛的であり、侵害された人々だけを対象としている。

イスラムを守ったり広めたりするための聖戦を奨励する章のほかに、寛大さや忍耐強さをテーマにした章もある。例えば「牝牛」の章の第二五六節は語っている。「宗教には決して無理強いがあってはならない。すでに正しい道と誤った道は区別されている」と。さらに、「蜜蜂《みつばち》」の章の第一二五節は次のように述べている。「英知と優れた勧告で［人々を］アラーの道に呼び、最善の方法で彼らと議論しなさい。なぜならば、アラーの道から外れた人々を最もよく知っているのはアラーであり、正しい道に導かれた人々を最もよく知っているのもアラーなのだから」

意見の交換や議論は大いに奨励されている。しかし、正しい信仰を持っていない人を排除すべきかどうかの判断は、アラーの創造物――つまり人間――ではなく、アラー自身の手に委ねられる。人間は道に迷った人々について判断を下してはならない。この問題について最も深い知識を有しているのは神なのだから。

「洞穴」の章の第二九節に、次のような一文がある。「言ってやりなさい。真理は主から出ていると。信じたい者は信じ、信じたくない者は信じなければよい」。ここでも、イスラム教徒としてとどまるか拒否するかは各自の知性と感性に任されている。この節によれば、他人をアラーの宗教――つまりイスラム――に無理やりに改宗させてはならない。

「ユーヌス」の章の第九九節には「もしアラーが望んだならば、地上にいる人々はすべてアラーを信じるようになっただろう。おまえ（モハンマド）が人々に信者になれと無理強いすべきではない」と記されている。ここでは、宗教に関する寛容な態度を裏づけるために、全知全能の神に助けを求めている。もしすべての人間がイスラムを選ぶことを神が望んでいたならば、アラーは自らの手ですべての人間をイスラム教徒にしただろう。それをアラーがしなかったということは、アラーにはアラーとしての構想があるからにちがいない。アラーの創造物である人間が勝手にアラーの代役をしたり、アラーの英知の肩代わりをしたりしてはならない。ましてや、イスラムを信じるよう無理強いすることなど論外だ。

コーランには、ジハードに関する節があるように、和平についての節もある。例えば「戦利品」の章の第六一節は次のように述べている。「そして、もし不信心者たちが和平に傾いているならば、おまえ（モハンマド）も和平に傾けばよい。そして、アラーを信頼しなさい。なぜならばアラーはすべてを耳に入れており、すべてを知っているからである」

このように、コーランには、ジハードを支持する章やイスラム教徒の立場を堕落させるような和平に反対する章があるのと同じように、戦争に反対する章や和平を支持する章もある。そして、こういったテーマについて具体的な規則がない場合には、預言者ムハンマドの言葉に基づく慣行《スンナ》のほか、ムハンマドの直弟子の発言とされている話やムハンマドと間接的につながりのある人々の口を通じて伝えられた証言、それにイスラム有識者《ウラマー》たちのコンセンサスに基づいて一時的な取り決めが行われる。しかし、解釈は時代の流れや社会の状況によって変わり、ジハードを叫ぶ声も歴史の動きや新しい――それも戦闘的な色彩の強い――グループの台頭に伴って変化する。

コーラン解釈の専門家にとって頭痛の種は、このような数多くの章の整合性を示すとともに、章と章の間に抜き差しならない矛盾がある場合には、どちらの章の重要度が高いかについて順位を付けなければならないことだ。最近の例を見てみよう。平和に傾いたかと思うと戦争に傾き、寛容さに傾いたかと思うと厳密さに傾くといったコーランの内容を解釈するに際して、シーア派の聖職者モルテザ・モタッハリ［訳注　聖職者であると同時にイスラム学者でもあり、イスラム革命に思想的な面で大きな影響を与えた（一九二〇～一九七九）。革命の二カ月余りあとに暗殺された］は章を四種類に仕分けした。

・　ジハードを無条件に称賛している章。
・　ジハードに、不信心者の側から戦争を仕掛けてきた場合やイスラム教徒を奴隷化する意思を表明した場合に限るといった条件を付けている章。

・イスラムへの帰依が義務ではないことを明確に示している章。
・イスラムが平和の味方であることを断言している章。
モタッハリによれば、コーランの章がジハードについて限定的な条件を付けることなく称賛している場合、そのジハードの意味は聖戦に具体的な条件――例えば、不信心者からの攻撃やイスラム教徒に対する抑圧といった条件――を付けている章の内容に従わなければならない。このように、章によって優先順位に差があるということは、いったい何を意味しているのだろうか。それは、コーランの文章を引用したり適用したりする場合には慎重に慎重を重ねるべきであり、ほかの章の文章の引用や照合をおろそかにしてはならないということを意味している。

ジハードの防衛的な性格については、多くのウラマーの間で意見の一致をみている。しかし、問題は、見る角度によって、例えば「非イスラム教徒から攻撃された場合」や「非イスラム教徒に抑圧された場合」といった限定的な条件の解釈が異なってくるのではないかという点である。イスラムの歴史を通じて常に時代を画してきた過激な思潮は〝抑圧〟を広義に解釈している。現代においても、スンニ派の一部には、イスラムの聖地エルサレムやサウジアラビアで異教徒が存在感を誇示していることを「侵略」と見なす傾向がある。同じように、シーア派のイスラム原理主義者は、欧米の文化がイスラム社会に対して与えている文化的な影響を重視し、「戦争の原因になる」と声を大にして非難している。

ヒジュラ（聖遷）、ダワ（宣教）、ジハード（聖戦）

しばしば聖戦《ジハード》とペアで登場する表現として聖遷《ヒジュラ》――もともとは「国（故郷）を離れて移住する」ことを意味するアラビア語――がある。西暦六二二年九月、預言者ムハンマドは、異教徒から迫害を受けていた生まれ故郷のメッカを離れてメディナに移り住んだ。メディナを根拠地としてイスラム勢力の拡大に努め、十分な力を得た暁にはメッカを取り戻すためだった。このヒジュラは、イスラムの歴史を通じて、さまざまな解釈を与えられてきた。戦争に際して戦略的な意味合いに使われることもあれば、勢力争いに敗れて領地から撤退する際の大義名分などにも使われた。あるイスラム教徒のグループの力が弱まると、そのグループは撤退に活路を見出す。そして、いったん撤退して様子をうかがい、反撃のチャンスを狙う。一九七七年、エジプトで若い農業技師シュクリ・ムスタファが先頭に立って当時のサダト政権に立ち向かった事件も、その一例である。このグループは異教徒の影響下にある土地を離れてエジプト南部の洞窟やアパートに身をひそめた。目的は二つある。その一つは、戦う力が衰えたときには撤退して――つまりヒジュラによって――「邪悪な神」の強大な武力から身を守ることであり、もう一つは、亡命先で再び実力を養って異教徒を攻撃し、勝利を収めてイスラムの世界を再建することである。

この考え方は、欧米に住むイスラム教徒の間で新たな反響を呼んでいる。特に、一九六〇年代からイスラム教徒の新たな共同体が形成されるようになった地域で、この傾向は顕著である。こういった地域のイスラム教徒の大多数は自分たちを迎え入れてくれた地域の生活様式を取り入れ、地域に溶け込んで暮らしており、過激化するのは極めて少数だ。ところが、今、このように現地の文化を静かに取り入れたり現地の人と結婚したりするのを是とする多数派と否とする少数派の間に、実は第三のグループが台頭している。このグループの人々が求めているのは、新たな形の地域共同体である。イスラム教徒の地域共同体を平和裏に構築し、現地の社会とは少し距離を置きながらも決して対立関係にはならないようにする。この場合に適用されるのは宣教《ダワ》で、欧米化しているイスラム教徒にイスラムへの回帰を求めたり、イスラム教徒ではない人々にイスラムへの改宗を促したりすることを意味している。過激派ではジハードの論理が全体を支配しているが、この第三のグループの場合、ダワを適用することもジハードに訴えることもできないと判断したら第三の道であるヒジュラを選択し、ダワかジハードかを活用できる日が来るのを待つこともできる。

この三つの選択肢も数多くの解釈を生んでいるが、そのうちでも特に重要視されているのはジハードとダワである。ジハードは心の奥の状態を映し出している。それは、俗世間から離脱することで理想を実現しようとするイスラム教徒の心の奥である。その結果、ジハードは自分の心にひそむ本能を超越するための〝内なる戦い〟となる。この点ではダワも同様で、大多数の人々とは違って自分の心に目を向けようとしているエリートに狙いを定め、その琴線に触れて魂を揺さぶる。ダワの呼びかけは、多少なりとも閉鎖的でエリート意識のある人々に向けて行われる。最後のヒジュラは、例えば、神秘的なスーフィーの集団に属しているエリートが障壁を乗り越える段階的な手順を示している。もちろん、純粋に精神的な意味での障壁である。

こういった精神的な意味合いと並行して、この三つの選択肢は社会における具体的な行動も指している。ジハードは、文字どおり不信心者に対する戦いを意味している。ヒジュラは、抑圧に直面したり信仰を積極的に広めることが不可能になったりした場合に居住地を離れて移住することを意味している。そして、ダワの本来の意味は布教であって、その目的はアラーの信奉者を増やし、究極的には異教徒を支配下に置くことである。

こういった単語が持っている多種多様な意味を一本化できないということは、イスラム教徒の生き方そのものにかかわる問題であると同時に、それぞれの地域社会においてイスラム教徒が置かれている状況にもかかわっている。そう考えると、一つの社会的な問題に対する正反対の行動や解釈をイスラムの名において称賛するのも、決して驚くには値しない。カトリック教会には「〝神聖〟とは何か」についての解釈を宗派として権威づけるための機構がある。しかし、これとは対照的に、イスラムの場合は信仰とは何かをめぐる解釈が無数にあり、信者の反応も多種多様である。このような限りない多様化に待ったをかける数少ないブレーキの一つは伝承であり、もう一つは数百年の歴史を有する権威ある存在――例えば、カイロのアズハル大学――に所属するウラマーたちの考え方の統一である。ただし、さまざまな解釈の幅を狭めることはできても、統一見解を生み出すことは不可能だろう。

イスラムにおける殉教

スンニ派の場合、殉教はジハードと結びついている。いや、ジハードのほうが殉教よりも上位にあるとさえ言える。一方、イスラム世界では少数派のシーア派――シーア派の教徒はイスラム教徒の一割しかいない――には、殉教そのものを温かく迎える考え方がある。例えば、ウマイヤ朝［訳注　ダマスカスを首都とするイスラム王朝（六六一～七五〇）］の時代、王室の豪華で放縦な生活ぶりに批判的な多数の人々は、イスラムが衰退の道をたどり、本来の姿を維持することもできなくなるのではないかという危機感を覚えた。その結果、表面には表れない根深い対立が一部のイスラム教徒と王室との間に生まれたが、王室の内部には後継者《ハリーファ》［訳注　ここでは、ウマイヤ朝の王］に直言したり反乱の先頭に立ったりするような人物がいなかった。そうした状況のもとで、シーア派の第二代イマームのイマーム・ハサンがハリーファのムアーウィヤ一世に反旗を翻すことなく死亡した。イマーム・ハサンは毒殺された――言い換えるならば、殉教者にさせられた――とも伝えられている。

その後、イマーム・ハサンの弟フサインが兄の後を継いでシーア派の第三代イマームになった。フサインはムアーウィヤ一世の死後ハリーファの座に就いたムアーウィヤ一世の実子ヤジードを認めようとしなかった。しかも、このヤジードが父親に勝るとも劣らない贅沢《ぜいたく》好みで、イスラムの教えに背を向けるような優雅な日々を送ったことから、フサインは反旗を翻した。預言者ムハンマドの血筋を引いているフサインは、反ヤジード勢力にとって願ってもないリーダーだった。フサインの父親は、ムハンマドのいとこでシーア派の初代イマームでもあるアリーで、母親はムハンマドの娘ファーティマである。

しかし、作戦に失敗したフサインは、六八〇年一〇月にカルバラーの砂漠——現在のイラク中部——で戦死した。そのときにフサインに従っていたのは、一握りの忠実な部下（シーア派の言い伝えによれば七二人）だったという。ドラマチックな状況下におけるフサインの殉教は、シーア派の主要宗派である一二イマーム派の象徴となった。毎年モハッラムの月（一月）、一二イマーム派の信者は月間を通じてフサインの命日を記念する行事を行う。特に、モハッラムの月のアーシューラーの日（一〇日）、信者は自分の体を鞭打ちながら行進したりフサインの死に至るまでの経過を描写した劇を上演したりする。

シーア派のイスラム教徒は、預言者ムハンマドの身内の人々に対して深い信仰心を抱いている。それは、ムハンマドのいとこであり娘婿でもあるアリーや、アリーを父としムハンマドの娘ファーティマを母とする第二代イマームのハサンと、ハサンの弟で第三代イマームとなったフサインである。シーア派——なかでも特に一二イマーム派——の場合は、こういった信仰の対象が第一二代イマームのムハンマド・ムンタザルまで続く。ムハンマド・ムンタザルは八七四年に姿を消したが、やがて再び救世主《マフディー》として現れて、世の終末を迎えるための準備を始めると信じられていた。歴代イマームのなかでもフサインは別扱いで、彼の殉教は非常に重要な出来事と受け止められている。もしフサインがいなかったならば、ムアーウィヤ一世に続いて息子のヤジードも、誰に遠慮することもなく、シーア派の人々の目の前でイスラムの教えをないがしろにしたのではなかろうか。少人数の忠実な部下たちとともに身を犠牲にして戦ったフサインの目的は、イスラムの道を踏み外した人々の存在を世に知らせて、大方のイスラム教徒の目を開かせることにあった。殉教者として死ぬことによって、フサインはヤジードの信用を失墜させてウマイヤ朝の崩壊を早め、預言者ムハンマドの家系に近いアッバース家からハリーファが出る道を切り開いた。

こういったことから、第三代イマームのフサインの殉教は、権力の強奪者を告発し、預言者ムハンマドが広めた真のイスラムを再興させる機会となった。この場合、殉教とジハードの関係は明確ではない。なぜならば、フサインの自己犠牲は勝利を得る見通しのないまま行われたからだ。それどころか、結果は完全な敗北であって、フサインの死は数で大幅に勝る敵に無謀な戦いを挑んだ結果だった。勝利は彼の死後にもたらされた。フサインとの戦いの結果、華美な生活におぼれている政権の実態が表に出たからである。

フサインの殉教に関しては、現代に至るまで多種多様な解釈が行われている。例えば、フサインの殉教は積極的な活動を否定する材料となっている。信者は嘆かわしい現世の光景に打ちのめされる。この世では、正しい心の持ち主は施政者の不当な剣の力によって命を奪われ、世の終末の到来を待つこと以外に何の希望も持てなくなる。その一方で、フサインの殉教は、死に至るまで戦い続けるという強い姿勢を鼓舞する材料にもなった。信者が自ら行動を起こしてマフディーを迎える準備をしないかぎり、マフディーは姿を現さないだろう。しかし、信者が率先して悪と戦う姿勢を示すならば、第一二代イマームが姿を現して先頭に立ち、不正を懲らしめてくれるにちがいない。

一般的に、スンニ派も預言者ムハンマドの身内——第一二代イマームまでを含む——に対して深い尊敬の念を抱いているが、この問題に関してスンニ派の目に映るシーア派の態度は行き過ぎであり、時にはイスラムの枠を超えて異端者のようにさえ見える。スンニ派に言わせれば、シーア派はムハンマドとその身内を普通の人間とは異なる存在と見なすと同時に、歴代イマームをムハンマドと同列に置いている。そのことを裏づける行動として、スンニ派はイマームの墓に詣でるシーア派の態度を例に挙げる。シーア派はイマームの墓の周囲を回りながら祈るが、スンニ派が回りながら祈るのは、巡礼でメッカを訪れたときにイスラムで最も神聖な神殿とされるカーバの周囲に限られている。スンニ派のなかでも復古主義のワッハーブ派は聖者や墓の崇拝を嫌い、一九世紀初頭にメッカやメディナを占領したとき、預言者ムハンマドの家族の墓地の周囲にあった金色や銀色に輝く鉄格子を破壊した。この墓地では、それまでシーア派が儀式を催したり祈りを捧げたりしていた。

いずれにせよ、スンニ派にとって、フサインの殉教はイスラムの基礎を揺るがすほどの出来事ではないし、有識者の議論のテーマになることもない。これに対して、シーア派にとっては、フサインの殉教は大きなテーマである。なぜフサインは死を受け入れたのだろうか。その動機は何だろうか。フサインは純粋の心の持ち主だけに許される〝自分の将来を予言する力〟を持っていたのだろうか。フサインは権力を奪い取って新たな政治秩序の基礎を築こうと望んでいたのだろうか。それとも、堕落して不正に走ったヤジードの政権を告発しようとしただけだろうか。常に神を求め神に近づこうとするイスラム神秘主義の立場から見て、フサインの殉教はどの程度の重みがあったのだろうか。自分を現世から抹殺して文字どおりアラーに接近し、アラーの域に到達したい。そういう願いを、殉教という行為を通して表明したのではなかろうか。フサインの殉教をめぐる疑問は、イランやイラク、レバノンなどシーア派が多数を占める国で何かにつけて議論の対象となってきた。本来は歴史と宗教の問題だが、議論は次第に社会問題としての性格も帯びるようになり、その時々の社会的な事情や政治経済の動き、さらには国際情勢の移り変わりによって、殉教に積極的な意味を持たせる傾向も強まってきた。

第三代イマームのフサインの殉教は、若者が殉教者の道を選ぶことを正当化するために極めて重要なテーマである。また、それだけに、殉教という行為が持っている象徴的な意味合いも軽視できない。例えば、一九七九年にイランで起きたイスラム革命の際には、フサインの命日に行われる行事アーシューラーに新たな解釈が与えられ、この解釈が大都会の若者を動員するうえで重要な役割を演じた。(3) スンニ派の社会でも、フサインの殉教が歴史上の挿話として話題になることはあるが、シーア派のように教義の基本を左右するような重みは持っていない。もちろん、スンニ派の信者にも殉教の信奉者は少なくなく、自分も進んで殉教者の列に加わりたいという例は――パレスチナ自治区、アルジェリア、エジプト、アフガニスタンなど見られるように――後を絶たない。

中東以外の地域に目を移すと、インド亜大陸北西部のカシミール［訳注　インドとパキスタンが領有権を主張している係争地」の若いイスラム教徒にとって、殉教はインド軍に対して戦いを進めていくうえで極めて重要な手段となっている。また、北アフリカの国アルジェリアの首都アルジェでは、カスバ〔訳注　北アフリカ諸国に多い城壁に囲まれた地元民の古い居住区で、ナイトクラブなど夜の歓楽施設が集まっている〕の人々が軍政当局に対して抵抗する際の手段となっている。パレスチナなどのスンニ派社会では、はたして〝人間爆弾〟がイスラムの教義に合致した行動かどうかをめぐって論争が交わされている。この〝人間爆弾〟について、ある人は「イスラムが禁じている偽装自殺だ。イスラム法学《フィクフ》の定めに基づいて与えられる罰を除いて、イスラムは生命を与えたり奪ったりする特権を神だけに認めている」と主張している。また、ある人は「強大な敵からイスラムを守るための手段であり、これ以外には選択肢がない」と主張している。

刺客

自己犠牲の現代版には歴史上の先例がある。そのなかでも特に知られているのは、シーア派の分派イスマーイール派に属する教団である。彼らは、自分たちの宗教的な指導者《ダーイー》が定めた〝聖なる大義〟のために死ぬことを受け入れていた。このタイプの殉教教団（ただし「殉教」という表現は使われなかったが）のなかで最も現実的だったのは、大麻から採取した幻覚剤の「ハシッシュを吸う人」に由来する単語〔訳注　例えば、英語では暗殺者を意味する〝アサシン〟〕で欧米に知られるようになった人々で、一一世紀から一三世紀にかけてイランやシリアで組織を広げた。他のシーア派とは異なり、イスマーイール派は一二人のイマームではなく七人のイマームしか認めていない。この周囲から恐れられた教団は、一一世紀初頭にイラン出身のハサン・サッバーフによって創設された。当時、イランはセルジューク朝の支配下にあったが、教団はイランの西部や北部で攻勢に出て城を次々に攻略した。そして、イスマーイール派の聖なる大義のために死ぬことをいとわない信奉者を結集して守りを固めた。セルジューク朝の高官やスンニ派の指導者を次々に暗殺したのは、それまでのスンニ派主導の流れを断ち切り、世の終末とマフディー再臨への道を切り開くためだった。信奉者たちは大義のために死ぬことを受け入れると同時に、指定された相手を死に追いやれば自分自身も有罪になること知っていた。ダーイーが与えた定義に従ってイスラムの敵を殺し、自分自身も命を失う。これが殉教であることは間違いない。

セルジューク朝の権力者が驚いたのは、イスマーイール派の教団の人々がハサン・サッバーフに対して示すゆるぎない献身的な態度だった。

彼らにとって、聖なる大義のために死ぬことは至福だった。教団に入った人々は死を宣告された人物の家来となり、その人物を殺せという命令が教団から来るまでは何食わぬ顔で真剣に奉仕する。命令を受けて刺客として使命を果たしたあと、暗殺者は自殺するか死に追いやられる。

教団の城は、二〇〇年以上にわたって難攻不落を誇った。信奉者たちは城の周辺の田園地帯や市街地の知識階級の間で日常生活を送っていたが、セルジューク朝の軍勢に攻撃を受けると激しく抵抗し、一三世紀にモンゴル軍に攻撃されて滅びるまで持ちこたえた。教団の信奉者は、教団を守るために全力を尽くすとともに、宗教と政治の指導者の命令に絶対服従することが求められるほか、教団の目的を実現させるために必要な場合は、シーア派が認めている「警戒《タキーヤ》」に従って自分の本当のアイデンティティーを隠すことが求められる。

こういった特徴は現代のイスラム活動家集団にも見られる。イスマーイール派の例を見ると、そこには現代のイスラム活動家を語るときに用いられる形容詞が数多く見受けられる。しかしながら、現代以前のイスラム殉教者の過激な行動と現代のイスラム殉教者の過激な行動を比べると、そこには大きな相違点もあることに気づく。現代以前の殉教者の行動を見ると、彼らは遠からず救世主が現れるという確信を抱き、その実現に自分も貢献すると信じて死と向かい合っている。セルジューク朝の高官を殺害したイスマーイール派の信奉者は、刷新された世界に理想的な神の都が生まれることを期待し、その動きに自分も参加していると信じていた。一方、現代の殉教者の場合は――それがイラン人であろうとパレスチナ人であろうと、あるいはアルカイダのように国境を超えた組織の一員であろうと――自分たちに〝ふさわしい世界〟が目の前にあるにもかかわらず、その内部に入ることができない恨みや憤りを起爆剤として行動を起こしている。また、現代以前の殉教者は、古い世界と縁を切り新たな世界の実現を目指すための礎になると確信して行動を起こしたが、現代の殉教者は、ある国の――あるいは、あるイスラム共同体の――一員として自分たちを受け入れてくれない今の世界を打ち壊すために行動を起こしているのであって、いつの日か再び救世主が現れるといった理想とは何の結びつきもない(4)。

困難を伴う宗教者の世俗化

従来のイスラム社会では、権力者に対して反乱を起こす場合、イスラムの教えに根拠を求めるのが常道だった。その結果、イスラムの伝統的な形式を重視するよりも、むしろ宗派として現実の動きに対処するための考え方が優先するようになった。そして、多種多様な宗派が生まれるにつれて、何が大切かという点でも宗派によって異なる志向が強まった。そうしたなかで、ある種のテーマが特に重要視されるようになった。それは、世界の終わりと救世主《マフディー》の再臨を結びつける終末論である。マフディーは空想ではなく実際に生身の姿で――例えば、宗教や政治の指導者として――存在するのだろうか。それとも、この世の終わりまでマフディーの再臨は〝お預け〟になったのだろうか。反乱が成功した場合、勝者は――エジプトやシリアを支配したトルコ系のマムルーク朝のように――敗者の方式を採り入れた権力構造を作るのが一般的だった。一方、反乱が失敗に終わった場合、敗者の側には信者であることを表に出さずに秘密裏に信仰を守る傾向が生まれた。こういった傾向の名残は後世の信者たちの心の奥底に〝記憶〟として残り、良からぬ権力者をめぐって何か問題が生じるたびに思い出されたり、その時々の状況に合わせて活性化されたりする。

こういったイスラム世界の社会や政治の分野における体制批判や急激な変化は、イブン・ハルドゥーン［訳注　チュニジアの出身で、イスラム世界を代表する歴史家（一三三二～一四〇六）］の理論によって裏づけられている。イブン・ハルドゥーンは、体制批判や急激な変化を「連帯意識《アサビーヤ》の変化」と受け止めた。アサビーヤは、集団が構成員の団結を強めるために重視する部族や血縁の連帯意識を意味しており、いわば集団のアイデンティティーを形作る基本概念でもある。強固なアサビーヤを形成することに成功した集団は、権力の座を手に入れる。しかし、時が経つにつれて、この集団のアサビーヤにも疲れが出てくる。すると、そこに新しい集団が活気に満ちたアサビーヤを振りかざして登場し、権力者の座を実力で奪い取ろうとする。こういった権力の座をめぐる栄枯盛衰は世の常であって、決して異常な出来事ではない。アサビーヤが変わるときには、それぞれが自分の考えを押し通して優位に立とうとするため、どうしても狂信的な側面が表に出る傾向が強い。これに対して、世の中のバランスを変えたくない支配者側は抑圧的な態度に出る。シーア派が――そして、そのなかでも特にイスマーイール系の諸派が――支配者の宗派であるスンニ派と対立したのも、こういった意味での意識のズレがもたらした結果だ。もっとも、その対立もシーア派が権力の座を奪って攻守が入れ替わるまでのことだが……。

対立する一方がイスラム教徒でない場合は、狂信的な集団を形成しなくても権力者と対決することができる。一三世紀から一四世紀にかけてイランを支配していたモンゴル族の盛衰は、その一例である。

不純な要素が紛れ込んでいない極めて「純粋」で「真正」なイスラムへの回帰を実現させるためには、その時点で権力を握っている体制派を「アラーの教えをゆがめている」と非難し、その存在を拒否することが先決である。そして、いったん権力を手に入れたら、コーランの言葉を厳密に守ることを強く推奨する。このことは、一八世紀のアラビア半島で根を広げたワッハーブ派にも当てはまる。ワッハーブ派やその流れを汲む諸派の動きは、まだ近代化の波に洗われていない昔ながらのイスラム社会に変化をもたらした最後の例でもある。

一方、近代に入ってからのイスラム復興の動きは、たとえ本来のイスラムの姿に立ち返って教義を厳密に守ることを旗印に掲げていても、以前とは異なり単なるアサビーヤの変化ではない。近代に入ってからの動きは、地域社会としてのイスラム共同体――いわゆる「ウンマ」――のあり方に根本的な変化をもたらした。たとえウンマを構成する人々が「ウンマのためならば身を犠牲にすることも辞さない」と明言しても、個々の構成員が人間としての個性や自主性を持つようになり、かつてのような没個性・没個人ではなくなっている。その結果、長年にわたって繰り返されたアサビーヤの変化は、近代の夜明けとともに途絶えてしまった。そして、それ以後、個人と共同体の関係について新たな論理が導入されるようになった。宗教者が世俗のことに直接介入するのも新たな流れの重要な要素となり、しばしば緊張を生む原因にもなっている。

アサビーヤに代表される――つまり、近代化の波に洗われていない――時代には、宗教者は世俗の動きに一定の距離を保っていた。しかしながら、二〇世紀になると、宗教者が世俗のことについても主導権を握ろうとする傾向が強まった。聖と俗の関係や個人と共同体の関係の根本的な変化は、特にジハードと殉教の意味合いをめぐって顕著に表れている。もちろん、ジハードも殉教も単語としては昔からの意味を受け継いでいるが、新しい意味も少なからず加わっている。新しい意味が加わった殉教もアラーの命令に従って払う犠牲であることに違いはないが、犠牲を払う個人も自己の痕跡を残そうとするところが以前とは異なっている。なかには、生きることをあきらめ、この世に自分が存在することに何の意味も感じなくなったという例も少なくない。言い換えるならば、近代の殉教には自殺行為という側面もある。ただし、聖なる分野と何の関係もないまま人生と決別する単なる〝自己喪失〟の自殺行為に対して、殉教の場合は現世に対する恨みを申し立てて敵を名指しにし、自分の命を捨てると同時に敵も消してしまおうとする点が異なっている。

さらに、新しい形の殉教には、宗教に直接かかわっている人々が持っているエリートのイメージや特権階級というイメージとの結びつきが感じられない。若者も高齢者も、金持ちも貧乏人も、教育を受けた者も受けなかった者も、誰でもが殉教者になることができる時代になった。聖なる死の前には平等しかないからだ。

宗教者が世俗の動きに介入する傾向は、宗教に深く帰依している人々が好んで使う言葉に表れている。例えば、自分たちの活動を正当化するために物事を数量化して説明しようとする。二〇〇一年九月一一日にニューヨークの世界貿易センタービルの二つのタワーを破壊した同時多発テロの容疑者として逮捕された何人かのイスラム教徒は、インタビューで「三〇〇〇人以上の犠牲者を出したことを正しい行為だと思うか」と聞かれると、異口同音に数字を並べて説明した。彼らは反論する。「イラクでは、何十万人という子どもや老人が殺されている。どのように説明したら、そのことを正当化できるのか。イラクの一般市民に死をもたらしたのは、イラクが石油を売ることをアメリカが禁止した結果、必要不可欠な食料品が欠乏したからではないか」と。テロの犠牲になった罪のない人々の数と、紛争とは無関係の死者の数を――それも実際の人数の一〇〇倍の数字を――対比させている。そして「彼らは罪のないイラクの人々の死に涙を流さなかった。われわれも彼らの死に涙を流すようなことはしない」と言い返した。

近代において、想像力の産物は数字を取り込むことによって太り、重みを増し、さまざまな批判に耐えられるようになる。人道的な問題が起きると、一日あれば数百人の子どもや罪のない人々の命を救うことができると発言する当事者も少なくない。しかし、欧米での実例を見ると、同じような状況下で救えるのはわずか数人にとどまっている。とにかく、信奉する大義のために身を投じることを正当化するために必要なのは数字であり、活動が正当化されるためには数字の裏づけが重要である。当然のことながら、この考え方はイスラム主義者にも当てはまり、どちらの側が何人の死者を出したかが判断の基準になる。正当な戦いであったかどうか、罪なき人々の犠牲は受け入れられる範囲内かどうかは、どちら側が相手側に与えた人的な損失――つまり、犠牲者――の人数に基づいて判断される。こういった側面に議論の重点が傾くと、個々のジハードという行為が有意義であったかどうかは統計に基づいて精査され、客観的に評価されることになる。

殉教とジハードに対する新たな解釈

イスラム主義運動において、ジハードは「無知《ジャーヒリーヤ》」の概念と密接に結びついている。ジャーヒリーヤは偶像崇拝によって特徴づけられるイスラム以前の時代――つまり、預言者ムハンマドが神の啓示を受ける以前の時代――を指しているが、この言葉は人々がイスラムの戒律を軽視する傾向が強まるたびに記憶のなかに戻ってくる。無知と偶像崇拝がイスラム教徒に影響を及ぼすようになると、当然のことながら影響を断ち切るためにジハードへの呼び声が高まる。ジャーヒリーヤの社会の権力者は不信心者であり、そのような権力者に対してはジハードの旗印を掲げて真正面から対決すべきであり、イスラム教徒はアラーの道で戦う殉教者として命を捧げるべきである。

ジャーヒリーヤとジハードの近代的な新しい解釈について、スンニ派の世界では二人の思想家が大きな影響を与えた。パキスタン人マウドゥーディー（一九〇三～七九）とエジプト人サイイド・クトゥブ（一九〇六～六六）である。マウドゥーディーにとって、世俗の国家単位に物事を考えるナショナリズムはイスラムに対する冒涜《ぼうとく》でしかなかった。また、マウドゥーディーは「アラーの絶対的な力を奪い取ろうとする者に対してはジハードを仕掛けるべきだ」と説き、「伝統的なイスラムは、ジハードの根拠として信仰を支える五本の柱を挙げている」と述べた。ちなみに、八世紀に成立したとされている信仰の五本の柱とは「信仰告白《シャハーダ》」「礼拝《サラート》」「余裕のある人が行うべき喜捨《ザカート》」「ラマダン月の断食」「メッカへの巡礼」であり、イスラムは信仰するだけでは十分ではなく、具体的な行為に表さなければならないという考え方に基づいている。このジハードは絶対不可欠である。なぜならば、イスラムの根本にかかわる教義や行動のなかでも極めて重要性が高いと考えられているからである。アラーの宗教――つまりイスラム――の根本に触れることであり、その根本を曲げることなく新しい時代の政治の流れを乗り切っていくための切り札だからである。

一方、このように、イスラムに傾倒しながら宗教とは水と油の政治に積極的にかかわる活動を正当化するため、イスラム思想家は預言者ムハンマドが政治的な権力と宗教的な権力を同時に行使していたメディナ時代――イスラムの黄金時代――を引き合いに出す。その後、時代とともに政治的な権力と宗教を切り離す傾向が強まったが、マウドゥーディーは再び両者を密接に結び付けた。そして、それまでのイスラム法学《フィクフ》には存在しなかった絶対的な主権と神の礼拝という二重の概念を導入した。

この考え方によれば、主権を有しているのはアラーだけであり、人間はアラーの被造物にすぎない。正当な政府はアラーの啓示に従って国を導いていく。一般の人間、一定の国家、何らかの政治団体などが主権を保持するのは偶像崇拝の流れを汲んでおり、イスラムの教えに背いている。こういう厳しい考え方がマウドゥーディー以前にも存在していたことは間違いないが、それは大方において少数派だった。例えば、マウドゥーディーより五〇〇年以上前にも、スンニ派イスラムの法学者イブン・タイミーヤが神と人間は絶対的に異なる存在であることを主張した。しかし、こういった主張はアラーの教えと政治を切り離す考え方に押され、少数派の域を出ることはできなかった。

マウドゥーディーの影響を受けたクトゥブ（一九〇六〜六六）は、エジプトで結成されたムスリム同胞団《イフワーン・アル・ムスリミーン》［訳注　一九二九年にエジプトで結成されたイスラム社会運動の秘密結社］の指導的なメンバーで、イフワーンに自分の考え方を吹き込んだ。クトゥブは政治的な主権も神だけが有しているとし、人間が政治的な権力を振りかざすのは不当であり、不信心とジャーヒリーヤに基づいていると非難した。しかも、こういった権力は近代的な政治思想の影響を受けるが、その政治思想が国家主義か社会主義か、さらには他の近代主義かによって、さまざまな形に変化する。近代的な政治思想の顕著な特徴は、男女の混在であり、行き過ぎた個人主義の奨励であり、金銭に対する欲望である。アラーの絶対的な主権を認めることは、自らがアラーの被造物であることを認めることであり、アラーに従うことを意味している。そうでなければ、アラーの権力とアラーから自立した権力とを並立させることになる。それは、アラーが全能であることを否定している。アラーに服従することなく勝手に規則や法律を設けることは、アラーだけが持っている権力を勝手に手に入れることにほかならない。イスラム世界における法律は、すべてアラーの掟《おきて》に合致しなければならない。

集団的な生活を行う場合、その社会を統治する基本はアラーの権力である。アラーの絶対的な主権を認めることは、祈りを捧げる儀式としての宗教と国家というレベルで動く政治権力を分離する考え方に反対することである。ところが、実際には宗教と政治を切り離す考え方が優位を占めてきた。これに対して、クトゥブは両者を再び緊密に結びつけた。当時、スンニ派の有識者《ウラマー》に広く受け入れられていたのは、ジハードの目的は〝守り〟であり、個人の義務であるという考え方だった。しかし、クトゥブにとって、ジハードの目的はアラーの掟に基づいて人間を導くために地上にアラーの絶対的な権威を打ち立てることであって、そのためには悪魔の権力を滅ぼし、人間による支配に終止符を打ってアラーの支配権を確立することである。それゆえ、ジハードに〝守り〟のイメージを重ねることはコーランの教えにそぐわない。ジハードをイスラムの領域を守るための戦いに限定したのは正統派以外のイスラム教徒やオリエント通とされる欧米の知識人だが、ジハードは決して専守防衛ではない。ジハードの目的は、地上の世界全体――つまり全人類――を包括するイスラムの目的と一体化することにほかならない。これがクトゥブの考え方だった。

ジハードは――その本来の性格から――普遍的な使命を持っており、伝統的なイスラム法学《フィクフ》がジハードに与えていた「主な目的はイスラムの領域を守ることだ」という枠組みを大幅に超える機能を有している。戦いの矛先は、まずイスラム社会の支配階級に向けられる。最初の攻撃目標はナセル政権支配下のエジプトだった。一九六六年、クトゥブはナセル大統領〔訳注　エジプトの軍人出身の政治家（一九一八～七〇）。一九五二年、自由将校団を率いて政権を奪取した。イスラム団体の政治介入を嫌い、イフワーンを非合法化した〕によって絞首刑に処せられた。

クトゥブ、マウドゥーディー、ホメイニといった急進的な思想家にとって、世界の覇者であるかのように振る舞う欧米諸国や、その知的な面の支えとなっているオリエント学者たちに対する告発と、信仰への熱意を失ったイスラム教徒――これをえせ信者とまで呼ぶ人もいた――に対する告発は、告発の両輪のような関係にある。熱意を失ったイスラム教徒とは、信仰の弱さのゆえに何かにつけて二の足を踏んだりアラーの道を歩むことを拒否したりすることによって地域共同体に不和の種をまき、共同体としての団結を乱す人々である。こういったえせ信者は邪悪の集団と正面切って戦うことを拒否し、自分たちが維持してきた特権を失わないために――あるいは単に戦う気力に欠けて――早々と邪悪の集団と妥協してしまう。マウドゥーディーは、このようなイスラム教徒を「歴史の舞台に主役の一人として登場しようとせず、欧米諸国が支配権を握るのを黙って受け入れている」と非難した。真のイスラム教徒は戦いと犠牲によって信仰のあかしを立てようとする。そして、決して変わることのないコーランの判断を自分たちの時々の都合に合わせて解釈するような世界にくみすることなど拒否する……というのが、マウドゥーディーの主張だった。変わりゆく世界の動きに順応し、植民地のマスターたちから言われたとおり、地元のイスラム教徒のほうから何の抵抗をすることもなく相手に合わせるという気力のなさに対して、マウドゥーディーは、植民地の悪法のもとで耐え忍ぶよりは歴史に自分の存在を刻み込むべく努力する道を選んだ真のイスラム教徒を推奨した。

この三人の思想家が求めたのは、イスラム教徒に自信を取り戻させることだった。イスラム教徒は帝国主義者の襲撃に遭い、欧米の見せかけの先進性に幻惑されて、イスラム教徒としての自尊心も信仰心も失っていた。スンニ派のクトゥブとマウドゥーディーに相当するシーア派の思想家は、イランのホメイニのほかにレバノンのムサ・サドルとファドララーである。政治的な権力に関するかぎり、この二人の考え方はホメイニに近く、政治家はアラーの名において行動する聖職者の下位に置かれるべきだという。シーア派の場合、この考え方は一九世紀――一八二八年に死去したナラキや一八五〇年に死去したナジャフィ――までさかのぼる。当時は、カージャール朝〔訳注　一七九六年から一九二五年までイランを支配した王朝〕がイギリスとロシアの帝国主義的な政策に直面して次第に力を失っていった時代で、そのころまで遊牧民から出た君主に支配されていた政治に対して、少数の聖職者が目に見えて影響力を強めていた。

ホメイニによってもたらされた新機軸は、神学者としてのみならず、政治家としての彼の卓越した資質によるところが多かった。ホメイニが推進した直接行動を重視する方針は、国王《シャー》が退位に追い込まれたあとイスラム教徒の間に不和の種をまこうとした「えせ信心者」を告発することが主眼だった。ホメイニの主な標的はイスラム勢力の最左翼を形成する「人民の戦士」のほか、イスラム革命に対する熱意に欠けている「妥協の支持者」と呼ばれる人々だった。この「妥協の支持者」は、実際には「世界的な傲慢主義《エステクバール・エ・ジャハーニー》」に傾倒した厄介な人々を指していた。この場合、エステクバール・エ・ジャハーニーというのは実は帝国主義を指しているのだが、帝国主義という言葉は当時すでに左翼のマルクス主義者や無神論者によって使われていた。そのため、ホメイニは自分が非難している左翼の言葉を借りて第三者を非難するのを避けて、コーランで使われている表現を――意味を変えて――使用した。「傲慢」とは過度の慢心を指すと同時に、慢心しているがゆえの行動――特に、自己を過信してアラーの存在を忘れるような行動――を指している。イスラム共和国を創立したホメイニにとって、欧米はイスラム教徒を奴隷化したうえ、宗教をないがしろにして物質文明を尊重する野蛮な世俗主義の道を歩んでおり、まさに傲慢そのものだった。欧米の傲慢さと戦うためには、欧米に対する恐怖心を克服しなければならない。そのような恐怖心は単なる神話の上に築かれたものであり、何の根拠もない。

事実、ホメイニの演説の特徴の一つは、極端な主観性――つまり、物事を主観的に見る姿勢――である。同じような主観性は、現代の数多くの急進的な思想家に見られる。ホメイニの場合は、恐怖心や精神力、栄誉心、勝利への意欲、アラーに救われて迷いから覚め、再び手にしたイスラム教徒としてのアイデンティティーといった感情を重視している。「さまざまな感情を抱くとき、人間は弱くなる」というのが、ホメイニの考えだった。自分の弱さを克服するためには、そのようなことを気にせずに思い切った決心をしなければならない。決心をすれば、その瞬間から人間はアラーのおぼしめしに沿って強くなることができる。自分は弱いと思っていると、そういった自分の弱い側面を敵に見せることになる。しかし、アラーを信じて決心をすれば内なる力が自然にわき出て心を潤してくれる。誰の力を借りることもない。この極端なまでに主観的な論旨の狙いは、一方では外部の世界に向けて、もう一方ではイスラム教徒に向けて、アメリカの不正行為を告発することだった。しかし、実のところ、その過激な内容は〝善〟と〝悪〟とが対決する二極化の世界と、敵の悪性を暴くための証人として外部の世界を味方に取り込む一種の三極化の間で大きく揺れ動いていた。

このように、ホメイニは自分の歴史観を広めて支持者を集めようと考えて世界に向けて訴え続ける一方、イスラム教徒の正当な権利を奪い取った不実の敵性国家アメリカを繰り返し非難した。この場合、外部の世界の立場はあいまいだ。なぜならば、ホメイニのイスラム重視の論旨は〝善〟と〝悪〟の対立という二極化の世界に立脚したうえで、その論旨の足元を固めるために外部の世界を中立的な要素として引き合いに出しているだけであって、第三の極の存在を容認しているわけではないからである。

ホメイニは、預言者ムハンマドに始まる戦うイスラム教徒の伝統に従って、真のイスラム教徒ならば優れた戦闘能力を持っているはずだと盛んに士気を鼓舞する。ここに、ホメイニの過激な論旨のもう一つの側面が垣間見える。一九七九年一一月、ホメイニはイラン中部の都市イスファハンにあるイスファハン大学経済学部で学生を相手に説教を行い、戦争の遂行に必要な人的資源として若いイスラム教徒を激励した。ホメイニは「われわれは戦う人間である。わが若者たちはシャーの軍隊に立ち向かい、戦車を相手に、大砲を相手に、そして機関銃を相手に戦った」と述べたあと、イスラムの敵――つまり、アメリカに代表される欧米諸国――に矛先を向けて激しく非難する一方で、イスラム教徒の名誉を重んじる姿勢や最後まで戦い抜く姿勢を例に挙げて敵を挑発し侮辱した。〝善〟と〝悪〟とが対立する二極化という舞台を囲んで、自己とイスラム教徒と敵と世界が背景を形作っている。多極化を容認している論旨のような印象を与えるが、究極の狙いは、複雑な状態を二極に集約し、世界とイスラム教徒は〝善〟を支持する側に参集し、斜陽化している――とはいえ、決して侮ってはならない――欧米と対決することにある。

　イスラム教徒に活力を与えるのは、一体化した共同体の一員として宗教的な意味でも心を一つにして「悪魔の権力」に立ち向かい、権力を奪い取ることである。シャーとの戦いは、その最も顕著な例といえる。シャーはアメリカの後ろ盾を得て装備を整えた超近代的な軍隊を擁していたが、イランのイスラム教徒は素手で立ち向かい、こぶしを振りかざして「アラーは偉大なり」と叫び、勝利を収めた。この革命が、この世の終わりと隠ぺいされたイマーム（スンニ派の救世主に相当するシーア派第一二代イマーム）の出現を告げる一斉蜂起の前奏曲であることは間違いない。もっとも、それが実現するまでは、無条件で自我を放棄し自身を犠牲にすることによって、自分が〝善〟の側に加わっていることを明示しなければならない。そうすれば、虐げられた人々《モスタズアフ》は虐げた人々《モスタクバル》に対して報復することができるだろう。この二つの表現は、マルクス主義者や第三世界との連帯を旗印に掲げる人々のイデオロギーの影響を強く受けている。モスタズアフは取り残された人々であり、プロレタリア化した大衆である。これに対して、モスタクバルは帝国主義者であり、支配階級である。高慢な支配階級の人々とモスタズアフの間の戦いは、イスラムを信仰するモスタズアフの勝利に終わる。イスラムはモスタズアフを守ってくれる宗教だからだ。しかし、そのためには、イスラム教徒は殉教を受け入れなければならない。世界の帝国主義者と剣を交えて身を捨てることも辞さないという共通の意思で結ばれた共同体は、新たな時代を切り開いたイラン革命の例に基づいて〝善〟の支配を実現させることができるだろう。

こういった新しいイスラム思考は、イスラム主義とは何かという疑問を提起している。このイスラム主義という言葉は、フランスでは少なくとも一八世紀以前から使われていた。ボルテール［訳注　フランスの文学者・思想家（一六九四～一七七八）］も現代とは異なる意味で使っている。政治と宗教を密接に結びつけようとする思潮をイスラム主義と呼ぶならば、その歴史はイスラム初期にまでさかのぼることもあり得る。何か起きるたびに、少数派は政治と宗教の両分野の指導者だった預言者ムハンマドが目指した理想の社会を実現したいと願った。一方、最後には暴力に依存してでも政治と宗教の両分野における権力を手に入れ、イスラム法《シャリーア》にのっとって独裁的な政治制度を作り上げたうえ、意図を明確にしないまま何となく教義の近代化を図ったり、欧米との対決姿勢を強調したりする思潮をイスラム主義と呼ぶならば、それは――一九二九年にエジプトで結成されたムスリム同胞団《イフワーン・アル・ムスリミーン》の活動期に当たる――一九三〇年代以降の近代的な現象であり、その絶頂期は二〇世紀最後の約三〇年間だった。

イスラム主義を掲げる思潮の特徴の一つとして、二〇世紀後半からイスラム世界に次々に現れた新しいタイプの――その多くは大学など高等教育の場から輩出された――人々の台頭を挙げることができる。この動きの先頭に立っている人々のなかには学識経験者も数多く含まれており、イスラム関係の主義主張を整理して法律で裏づけ、昔ながらのしきたりに固執している保守派から主導権を奪い取ろうと考えている。新しいタイプの人々の立場に立って見ると、保守派はあまりにも内向的であり、非合法な権力と結託して腐敗への道を歩んでいるとしか思えない。

ただし、しきたりに異論を唱え、しきたりを維持するために築かれた組織や機構に異論を唱えることは、イスラム社会の近代化に伴って台頭した新しいタイプの人々の専売特許ではない。スンニ派かシーア派かを問わず、宗教的な組織や機構そのものの内部にさえも、それまで大方に受け入れられてきた解釈に異議を唱える聖職者が現れてきている。その傾向を示す好例の一つは、イランにおけるホメイニ師だろう。彼は非常に重要な聖職者（ただし、革命成功後は最も重要な聖職者）だった。そのほかにも、エジプトに目を移すと、カイロのアズハル大学〔訳注　一〇世紀に設立されたイスラム最古の最高学府〕出身のシャイフ・アブド・アルガーファル・アジズやシャイフ・ウマル・アブド・アッラフマーンの例を挙げることができる。こういった人々は、各自各様の方式で、それまでのイスラム有識者《ウラマー》たちの手によって定められていた内向的な解釈に疑義を唱えた。

実のところ、イスラム教義の解釈の先鋭化や政治を宗教に融合させようとする動きは唯一無二ではない。想定される第一の動きは、イスラム教育の普及を図り、すべてをイスラムに回帰させる――言い換えるならば、人生のすべての局面をイスラムの傘の下に収める――ことが正しい道であることを意を尽くして教えると同時に、イスラム法学《フィクフ》の規範を穏健な形で尊重するイスラム社会の確立を推し進める動きである。この場合は、エジプトにおけるムスリム同胞団《イフワーン・アル・ムスリミーン》のように、社会全体が根底から十分にイスラム化されるまでは政治的な権力者による上からの強引な搾取を最小限に抑える一方で、社会の下部からのイスラム化に力を入れることになる。想定される第二の動きは、宗教軽視の施政者や偶像崇拝を認める施政者を実力に訴えても締め出すという、ヨーロッパの左翼や一九七〇年代にラテンアメリカで見られた革命勢力の手法と共通点のある動きである。

　大学などで科学や先端技術を学んだ新しい世代の若者は、こういった体制批判の集団の中核を形成して重要な役割を演じることが多い。しかし、ウラマーたちも決して傍観しているわけではない。

　エジプトでは、アズハル大学で勉強した盲目の宗教学者シャイフ・ウマル・アブド・アッラフマーンが、ナセル大統領の死後、イスラム回帰を旗印に掲げる二つの運動——イスラム協会《ジャマアト・イスラミーヤ》とジハード団《タンジム・アルジハード》——に過激な思想を吹き込んだ。シャイフ・ウマルは一九九〇年にアメリカに行き、一九九三年に起きたニューヨークの世界貿易センタービルに対する第一回の爆破事件のあと、一九九六年に終身刑に処せられた。シャイフ・ウマルの政治理論は、さまざまなイスラム過激派の考え方と共通点が多い。例えば、権力者を段階的に独裁者と罪人《つみびと》と無信仰者に分けることを拒否する二元論で、シャイフ・ウマルは権力者を正しいイスラム教徒と不信心者に鮮明に区別した。そして、権力者が不信心者の場合は、無知と偶像崇拝が世の中を支配することになる。それゆえ、イスラム教徒の手で打ち負かさなければならないと主張した。昔ながらの考えを受け継いでいるウラマーは、権力者の良否の判断をアラーの手に委ねるのを常とする。これに対して、シャイフ・ウマルは——彼よりも二〇年ほど前のホメイニと同じように——聖職者は政治も包括すべきだという考え方に基づいて、イスラムの教えに背く権力者を断罪に処する必要があると主張した。

それ以後、不信仰宣告《タクフィール》は宗教学者の裁断に依存するところとなり、政治と密接に結びつくようになった。イスラムの古くからのしきたりによれば、タクフィールは規範から逸脱した人々を対象として発せられる宣告で、対象とされたのはイスラム共同体内部の個人や集団だった。その場合、政治的な要素は皆無か、あっても問題にならない程度だった。万一、問題になりそうな場合は表ざたにせず、内々に処理されることが多かった。これに対して、不信仰宣告の新しいコンセプトは、宣告自体を政治的な意思表示と受け止めている。この考え方は中世に見られたイスラムの一部の少数派の流れを受け継いでいるが、聖職者には政治を行う能力があると宣言することによって、それまで長年にわたって継承されていた多数派の考え方を大幅に見直したことは間違いない。そのことを示す好例はホメイニで、ホメイニはイスラム法学者による統治（ペルシャ語で「ヴェラーヤテ・ファキーフ」）を推奨した〔訳注　ホメイニは、国外に亡命中の一九七〇年に『イスラム統治体制』を著し、ヴェラーヤテ・ファキーフの必要性を説いた〕。不信心者が統治する社会を信仰という武器で打ち倒し、イスラム法《シャリーア》に則して統治するイスラム政治体制を樹立して、生活習慣の欧米化と戦わなければならない。そのためには、イスラムの大原則にのっとって、悪を断ち切り善を確立させることが必要だ……という主張である。

ジハードに与えられた役割は、ますます重要になってきた。そして、それはイスラム学者がコーランなどの内容に即して出す独自の見解《イジュティハード》に結び付けて考えられるようになった。イジュティハードを出すことによって、イスラム学者は自分の役割――かつては法学の分野に限られていた役割――に政治色を持たせることになる。その結果、宗教と世界と国家（政治）の境界線はぼやけ、それまでの伝統の枠内では――少なくとも多数派の流れのなかでは――知られていなかった全体論［訳注　複雑な体系であっても、その全体は各部分の単なる寄せ集めではなく、各部分の動きを決定することができる集中的な機能を有する統一体であるとする論］的な意味での統一体というビジョンが生まれた。イスラム世界における政治とイスラム法の関係は根本的に変化した。

かつてのイスラム法は下記のような性格を有していた。

・イスラム法は法典ではない。イスラム法は過去における法律適用の例や原則を集めたリストである。

・イスラム法は客観的な性格を有しており、特定の何かを意識するというような志向性には欠けている。

・イスラム法は全体として私法であり、個人の義務や契約、身分など、日常生活にかかわりの深い側面を取り扱っている。これに対して、公共の問題に関するイスラム公法は「アラーの法」と呼ばれ、イスラム国家の運営にかかわる義務を示している。もしイスラム教徒が不信心者――つまり異教徒――の領土にいた場合は、イスラム法の体系は適用されない。そのイスラム教徒は現地の法律に従って適切に行動すべきである。

イスラム社会の上から押し付けた形の近代化は、イスラム法学に重大な変革をもたらした。その結果、それまでは考えられなかった政治とのかかわり合いが取りざたされるようになった。イスラム法学《フィクフ》に政治的な色彩を与える動きも加速した。

スンニ派の世界では、それまでの伝統にはなかったほどの重みをジハードに持たせるようになった。一方、シーア派の世界は殉教に対する評価が高まり、殉教が持つ意味合いにも今日的な側面が加えられた。

イランのイスラム革命に先立つ一九六〇年代から七〇年代におけるシーア派は、イスラム共同体を救うために喜んで苦痛を受け入れて自らを犠牲にしたフサインの超人的なイメージを、新しい角度から解釈しようとするものだった。毎年モハッラムの月（一月）、シーア派――特に一二イマーム派――の信者は月間を通じてフサインの苦難を記念する行事を行う。昔から、フサインの苦難は超絶的であり他者がまねることのできない行為だとされてきた。フサインは決して宗教的な罪を犯すことのない存在であって、人間がフサインと同じようなことをするのは絶対に不可能だという解釈である。言い換えれば、フサインは人間を超越した存在として崇拝されるべきであり、普通の人間が行うべき行為の具体的な――それも間近にいる――モデルと思ってはならないということである。

こういった伝統的な考え方とは異なり、新しい解釈はフサインの人間としての側面を重視し、普通の人々にとっても間近な存在であり、先行き不透明の状況下にあって自らの意思で死を選んだ人物という受け止め方をしている。例えば、サレヒ・ナジャファバディ［訳注　イランの聖職者（一九二三／二四〜二〇〇六）で、シーア派とスンニ派の一体化を主張した。イスラム革命後はテヘランで自宅軟禁に処せられ、著書は発禁の対象となったが、そのなかにあって著書『永遠の殉教者《シャーヒデ・ジャバド》』は版を重ねたという〕の説によれば、フサインは、自分に助けを求めてきたシーア派の本拠地クーファで蜂起し、ヤジード一世の率いるウマイヤ朝の軍勢を破ろうとしたものの、勝利の可能性が消えたため殉教者として死ぬ道を選んだ。もし生きて投降したならば、ヤジード側の軍司令官イブン・ジヤードによって容赦なく死罪に処されるだろう。それ故、フサインは降伏勧告を拒否し、敵の襲撃に対して雄々しく戦って殉教を成し遂げた。この話が伝えるフサインの人物像は本質的には確かに超人的だが、その心の動きなどは普通の人間と変わらない。この問題に対して、フサインは神から授かった——学ばずして身についている天賦の——才覚を持ち合わせていなかった。ただ、正義の戦いであるからには、勝利を収めることができると信じていたにすぎない。ただ、周囲の状況が彼の手から勝利を奪い取ったのだ。フサインとしては、辱めを受けて死ぬよりも栄光に包まれて死ぬ道を選んだのである。この点においてフサインは人間であり、辱めを受けることを潔しとしなかった彼の行動は大いなる称賛に値する。ナジャファバディによれば、一般に受け入れられている解釈とは異なり、フサインは決して殉教を望んでいなかった。フサインは権力を手に入れようとしたが失敗した。その当然の結果として死んだのだという。シーア派第三代イマームのフサインが蜂起するに至った決定的な要素は、彼の卓越した人間性である。旗揚げに際して、彼は理性と経験だけを重視し、いかなる場合にも超人的な知識や感性には頼らなかった。

こういったフサイン像は、超人フサインというシーア派の伝統的な見方と相いれない。しかし、フサイン像を人間化することによって、普通の人々にとっても人生の手本にすることができる現実的な存在になった。それ以降、フサインは自分たちと同じ人間になり、模倣できる相手となった。彼が聖人であろうとなかろうと、人間としての弱さを持ち合わせていることに変わりはない。殉教の王子は間近な存在になり、人々は彼の足跡をたどろうとする。そして、彼の崇高な自己犠牲の行為まで見習おうとするようになった。

モルテザ・モタッハリは聖職者で、殉教に対するシーア派の考え方を近代化するうえで重要な役割を果たした人物である。モタッハリは、アラーのために自らを犠牲にするという崇高な行為を殉教者が引き受けた結果、周囲の人々から感謝される点を強調した。そういった殉教者の行為のおかげで、周囲の人々は「善」の環境で暮らすことができるようになる。ろうそくと同じように、殉教者は燃え、その明りは――暗闇で一生を終えたかもしれない――周囲の人々に光を与える。「それゆえ」と、モタッハリは言う。「ほかの死者とは異なり、殉教者の体は清らかであり、埋葬に先立って清める必要はない」。モタッハリは死者を幾つかのタイプに仕分けした。自然死をする者、病死をする者、犯罪の結果として死亡する者、自殺者、そして殉教者である。このうち、最後の殉教者は、コーランが求めている聖なる理想を「アラーの道で」成し遂げるためにのみ死と向かい合うことを受け入れる。モタッハリによると、殉教者には二つの基本的な理念がある。その一つは「殉教に身を投じる者は、アラーの道で殉教しなければならない」であり、もう一つは「殉教とは何かを明確に理解したうえで殉教しなければならない」である。聖なる死を志願する者は、個人的な利害やエゴイズムが絡んだ理由で身を投じてはならない。

モタッハリは、ジハードを定義するに際して、こういった殉教に対するシーア派の受け止め方を重視している。キリスト教では「悪人に手向かうな。もし誰かがあなたの右の頬《ほお》を打ったら、ほかの頬も向けてやりなさい」と教える［訳注　新約聖書のマタイによる福音書第五章三九に記載されているイエスの言葉］。これに対して、イスラムでは、信仰――それも、心のうちなる信仰――を意味する「イーマーン」と、移住――それまでの人間関係を打ち切って新たな人間関係に移ること――を意味する「ヒジュラ」、そして、聖なる戦いを意味する「ジハード」という三つの要素が絡み合っている。特に「ヒジュラ」は、聖なる目的を殉教によって達成するために現世の枠から外に出ることも意味している。この目的のため、誠実な信者は自分の信仰を守ると同時に他の人々の役にも立つように願って命をささげることを受け入れる。モタッハリは預言者ムハンマドの言葉を引用して、「善は剣のもとにあり、剣の陰にある」と述べている。言い換えれば、イスラムは、その崇高なる理想を推し進めるために殉教者を作り出すのだ。

シーア派の伝統によれば、聖なる死は聖人のイメージに結びつかないかぎり意味をなさない。預言者ムハンマドの叔父ハムザは、メッカの軍勢を相手とするウフドの戦いで戦死した。また、ムハンマドのいとこでシーア派初代イマームのアリーは六六一年に暗殺された。そのほかにも、シーア派の多数のイマームが、堕落した後継者《ハリーファ》［訳注　ムハンマドの後継者として、政治面でイスラム共同体を指導する権限を与えられている最高権威者］に雇われている不信心者の手にかかって非業の死を遂げた。しかし、一般の人々にとって、これら聖人のイメージは手の届かないところにあり、その行為を見習うことなど到底できない。聖人の死を悲しむことができても、聖人と同じ運命に身を委ねることはできない。一般の人々が殉教を身近に感じるようになるまでには、長い年月が必要だった。そして、イランにおけるイスラム革命によって、その機会は熟した。最初は国王《シャー》を頂点とする政治体制の打倒であり、次は一九八一年から一九八八年まで続いた対イラク戦争である。この時代になって、若者たち――それも、ごく一般的な若者たち――は、殉教を自分たちでも実践することができる身近な事柄として理解し、聖なる死に進んで身を捧げるようになった。彼らは単に殉教を叫ぶだけにとどまらず、実際に自分の命を惜しみなく投げ出した。この行為によって、それまでイスラム世界ではほとんど知られていなかった殉教に対する考え方が、にわかに日の目を見るようになった。

最近になって見られるようになったもう一つの現象は、殉教というドラマの個別化――つまり、すべての殉教を一般論で片付けるのではなく、個々のケースによって仕分けする傾向――である。例えば、フサインの殉教についても、これまではフサインは超人であり、その受難は彼の卓越した性格の表れだとされてきた。人々はフサインの死を称賛しながら喪に服したが、彼の死は突然のことではなく前から定められていた出来事であり、結果として彼の栄光に花を添えただけではないか。これについては、七六五年に没したシーア派第六代イマームのジャーファル・サーディクの言葉が――何人かの手を経て――今日に伝わっている。それによると、フサインは自分の母親の胸からも母親以外の女性の胸からも乳を飲んだことがないという。いつもフサインは預言者ムハンマドの腕に抱かれ、ムハンマドの指を口に入れて吸っていた。そして、まさに奇跡的なことだが、栄養不足になることもなく二日でも三日でも元気だったという。言い換えれば、フサインの体はムハンマドの体を引き継いでいることになる。その崇高な殉教が物語る超人的な偉大さのゆえに、フサインはシーア派史上に名を残す人々のなかでも特別の存在としてあがめられている。フサインは単に預言者ムハンマドの孫というだけにとどまらず、救済を求める人間の苦しみを受け止めるべき超人としての体をムハンマドから受け継いでおり、通常の人間とは異なる本性の持ち主なのだ。

こういった見方とは全く異なり、アリー・シャリーアティー［訳注　イランの宗教社会学者（一九三三年～一九七七）で、イランの革命思想に大きな影響を与えた］やモルテザ・モタッハリ［訳注　イランのシーア派聖職者であると同時に宗教研究の学者でもあった（一九二〇年～七九年）。シャリーアティーと同様に、イランの革命思想に大きな影響を与えた］は、フサインも普通の人間と同じ感情の持ち主であり、フサインを見習おうとする殉教者が体験する感情も大同小異だと主張している。モタッハリによれば、イスラムの初期の時代、殉教に身を投じることは喜びだった。それゆえ、預言者ムハンマドと行動を共にしていた人々が殉教に加わることを望んだのは、喜びを共に味わいたいという気持ちからだったという。同じように、モタッハリによれば、初代イマームのアリーも殉教することを熱烈に望んでいたという。イランのイスラム革命でも、この「殉教者として死ぬことへの熱烈な望み」の影響は明白で、数多くの若者が死ぬことへの抑えることのできない欲求を遺書に長々と書き記している。

かつては近づくことさえできなかったフサインについても、最近の解釈は異なっている。それによれば、彼は超人ではなく人間の一人であり、彼の弟子たちや敵との戦いに勝とうとする若者たちにとって、まさに範となる英雄的な人間なのだ。フサインは信奉者に対して、彼のことを一般の人々にとっては近づきがたい天国に昇っていった超人のように思いこんで称賛したり嘆いたりせず、むしろ同じ人間として彼の行為を見習うよう呼びかけているのだ。

シャリーアティーは、さらに一歩前に踏み出し、フサインを革命家と呼んだ。人類の祖先とされるアダムとイブの息子二人で、神が兄カインの農作物よりも弟アベルの羊を供物として喜んだため、ねたんだ兄に殺された［訳注　旧約聖書のなかの人物。そして、何よりもアベルの支持者とカインの支持者］の間の戦い――つまり、善と悪との戦い――を不朽のものにすることに努めた人物として描き出した。シャリーアティーの視点に立つかぎり、フサインは「アダムの後継者」であり、シーア派が称賛するような時空を超越した聖人でも超人でもない。フサインは歴史に名を残し、その壮図は悪と戦った英雄のイメージに等しい。そのフサインが聖人として崇拝されるようになったのは彼自身の献身的な行為の結果であって、預言者ムハンマドの血を引く孫だからではない。

中東や北アフリカの近代的な都市には、殉教者になりたい人々があふれている。彼らは人間としての誇りを求めており、何か英雄的な行為を行うことによって陰気で味気ない日々の生活から抜け出したいと願っているのだ。テヘランやカイロ、アルジェなどの大都市の片隅で、単に無視されるだけではなく、何かにつけて軽蔑《けいべつ》され、時には社会の底辺にうごめく目障りな存在のように取り扱われる。こういった人々にとって、殉教は人間としての誇りを取り戻し、周囲の人々から尊敬されるようになる二度とない機会なのだ。シーア派かスンニ派かなど問題ではない。

イマーム・フサインを超人から人間に引き戻し、その行動に近代的な解釈を与えようとする動きは、シーア派にとって象徴的な意味合いがあった。この解釈を当てはめることによって、革命に伴って生じた自己犠牲を宗教的な意味合いに置き換えて説明することが可能になったのである。イランの大衆は、体制に異議を唱えて反抗したフサインの威光を背にして、反体制の旗印を高々と掲げて進んだ。一方、スンニ派は殉教者のモデルとしてフサインの存在を必ずしも必要とせず、むしろレバノンのシーア派の動きに注目した。レバノンにおける大規模な殉教の源流はイランのイスラム革命だが、スンニ派は殉教を受け入れるに際してジハードとの結びつきに固執した。もちろん、その陰では、フサインを超人ではなく自分たちと同じ一人の人間として受け止め、対イラク戦争最前線に自ら進んで出ていった民兵組織「バシジ」の若者たちの殉教のモデルに——それも暗黙のうちに——仕立て上げる動きがあった。さらに、こういった殉教に対するシーア派のビジョンを、パレスチナの抵抗運動「ハマス」がレバノン経由で取り入れた。そのレバノンには、バシジから直接の影響を受けたイラン系の過激派武装組織「神の党《ヒズボラ》」が拠点を構えている。

シャリーアティーの唱える殉教

イランにおける一九七九年のイスラム革命で、ホメイニが極めて重要な役割を果たしたことは否定できない。しかし、イランの社会がイデオロギーの面で変化したあとは、シャリーアティーが重要な役割を演じるようになった。例えば「赤いシーア派教義」といった表現を使い始めたのはシャリーアティーである。この表現は赤い血に染まったフサインの遺体をイメージすると同時に、現代左翼の赤い旗の色をイメージしている。さらに、シーア派は体制批判の宗教だという色合いも含まれており、戦いに明け暮れした革命的なシーア派初代イマームのアリーと、一六世紀から一八世紀にかけてイランを支配したサファビー朝に代表されるような歴代の圧政者を対比させている。

聖戦《ジハード》と殉教《シャハーダ》を概念として明確に分離したのは、おそらくシャリーアティーが初めてだろう。スンニ派の伝承でも、シーア派法学の最高権威者《マルジャエ・タクリード》［訳注　時の政治に左右されることなく、教義を解釈する資格を持つ法学者］の大多数による教義の解釈でも、ジハードが主でジャハーダは従となっていた。イスラム教徒が「神の道」での死を選ぶ――つまり、殉教する――のは、ジハードを勝利に導くためにほかならない。これに対して、シャリーアティーは殉教者を二つのタイプに仕分けした。預言者ムハンマドの叔父ハムザのような殉教者と、第三代イマームのフサインのような殉教者である。シャリーアティーは書いている。ウフドの戦いで戦死したハムザは殉教者の王《サイイド・アル・ショハダー》という異名で呼ばれた。一方、シーア派はイマーム・フサインをサイイド・アル・ショハダーと呼んでいる。たしかに二人とも殉教者であり、サイイド［訳注　預言者ムハンマドの家系に属している男性に対して使われる敬称］でもある。

ハムザは英雄であり、ジハードに身をていした聖戦士《ムジャヒド》である。この点で、ハムザはフサインと異なっている。シャリーアティーは書いている。「ハムザはムジャヒドとしての英雄であり、敵を打ち破って敵の計画を頓挫させようとしたが失敗に終わり、殉教者として戦死した。しかし、それはハムザ個人の殉教である。これとは対照的に、フサインは別のジャンルに属している。フサインは剣の力で敵を打ち破ろうとしたのではない。自宅にとどまって平穏に暮らし続けることもできただろう。それにもかかわらずフサインは蜂起し、冷静な頭脳で状況を判断し、死と出会うべき道を進んでいった。この時点で、フサインは死んで無に帰ることを決意し、世界が注目している舞台の中央に出て危険と向かい合った。ハムザをはじめとする数多くのムジャヒドたちは、勝利を目指して出陣した。もちろん、死のリスクは高かったが、あくまでも目標は敵を打ち破ることだった。一方、イマーム・フサインの殉教の目的は、破壊の脅威にさらされているアラーの聖なる道の真っただ中で、自らの存在を打ち消そうとした。ここでは、ジハードと殉教が完全に分離されている」

ハムザは死ぬことを望んでいたのではなく、敵を打ち破ることが目的だった。これに対して、フサインは自分が戦いに敗れて悲業の死を遂げることを十分に予想していた。シャリーアティーは、死を自覚したフサインの行動に宗教的な意味合いを付与し、ジハードのための死として受け入れられてきたハムザの例とは比較できないほど卓越していると述べている。ハムザの死は勝利を手にすることができなかったために生じた偶然の――やむを得ぬ――結果だ。それに対して、フサインの死は熟慮の結果であり、勝利の見通しがないことを知ったうえでの行動だった。

ジハードに従事する聖戦士《ムジャヒド》は自分を正義の味方だと信じ、敵との戦いに勝てるはずだと楽観的に考えている。一方、死が間近に迫っていることを知っている殉教者は、たとえ自分が正義の味方であっても、目前に迫る敵との戦いに勝てる見込みは全くないことを知っている。そうなると、この両者の違いは深刻な結果をもたらすことになる。シーア派に伝わる考え方によれば、イスラム暦一月にフサインの殉教を記念して一カ月間続く苦痛礼賛の行事は、多数派のスンニ派に迫害された少数派シーア派の宗教的な意味での被害者意識の表れであり、信仰の故に邪険に取り扱われ抑圧されたシーア派の主義主張をフサインの主義主張に重ね合わせている。フサインは、正しい道を必死に歩み続けようとしたために迫害された人々の立場、激しい抑圧や不当な扱いによって限りない苦痛を与えられた人々の立場を具現化した。この人々の人生も、フサインと同じように悲劇的な運命にもてあそばれた。この人々が正しいと信じた道は、この世の時が終わりを告げたときに初めて――この世ではなく――別の世で切り開かれる。このようなシャリーアティーの考え方は、シーア派が築き上げた苦痛に満ちた信条に基づいているが、その意味を反転させている。つまり、フサインの死は不正に満ちた――それでいて、不正を終わらせることのできない――世界の責に帰すべきだという受け止め方ではなく、フサインの死は自分自身で決めたことであり、その目的は――歴史が続くかぎり――抑圧された人々の声を聞かせ、その人々が正義の味方だったことを聞かせ続けることだった。「それだからこそ」と、シャリーアティーは書いている。「殉教者フサインは歴史の心なのである」

同じ現象を以前とは異なる角度から見たシャリーアティーの解釈によって、それまでのように黙々と苦痛に耐えるべきだという考え方から、悲劇のなかに積極的に身を投じるべきだという考え方に変わっていった。それまで、イスラム教徒は儀式の形式を借りて苦痛を体験し、フサインの非業の死に思いを致していた。それが一転して、フサインを周囲の状況を把握したうえで自らの判断で死を選んだ殉教者の王《サイイド・アル・ショハダー》として見直そうという考え方に変わった。フサインの死を見直すことによって、一般のイスラム教徒も自己を放棄して自己を超越することを学び取ることができる。そして、現世では得られなかった人間としての尊厳を、死後の世界に求めることができるようになる。ただし、そのためには、ただ黙々と苦痛を耐え忍ぶのではなく、フサインが自分自身の判断に基づいて歩んだ崇高な大義の道へ、自分たちも同じように積極的に踏み出していかなければならない。

シャリーアティーによれば、人間は泥と崇高な魂で構成されている。言い換えれば悪魔と神の混合体であり、それゆえに二つの相反する志向性――善のほうに近づこうとする志向性と悪のほうに近づこうとする志向性――を有しているという。宗教の目的は、そういった人間の崇高な半分が悪魔的な半分よりも優位に立てるようにすることにある。しかし「殉教は、一人の人間が突如として革命的な手法で自分の卑しい半分――つまり、悪魔的な半分――を愛と信仰の火に投げ入れて、全身全霊を神に捧げる行為だ」という。それ故、殉教者の体をイスラムの儀式に従って清める必要はない。また、最後の審判に際して自分の過去の行いについて釈明する必要もない。なぜならば、殉教者は殉教する前の罪深い人間ではなくなっているからだ。シャリーアティーは言う。「殉教とは、時代を超え、世代を超えた呼びかけである。もし可能なら殺せ。もし不可能なら死ね！」

シャリーアティーの場合、殉教のエッセンスは、この最後の言葉に集約されている。可能なかぎり敵を殺すのだ。それが不可能——つまり、目標が達成できない——ならば、死を受け入れるのだ。ただし、その場合でも、戦士として敵に力で立ち向かう姿勢を崩してはならない。敵が自分よりも強力であることを知ったうえで自分の弱さを無視し、自分を犠牲に供するのだ。そして、その自己犠牲という行為を通じて、正義が自分とともにあることを同じ時代の人々に理解させ、将来の世代の理解も得られるようにするのだ。

このシャリーアティーのメッセージを最も真剣に受け止めたのは、スンニ派に属するパレスチナの殉教者たちである。そこには、レバノンを拠点としてイスラエルに対する武装闘争を展開しているシーア派の過激派組織「ヒズボラ」の影響が強く感じられる。比較にならないほど強大なイスラエル軍に対して「勝利」を収めることは幻想でしかない。そのような耐えがたい状況下における殉教は有意義な行為であり、「自分自身が死ぬことによって敵側の要員を殺す以外に、自己の存在を前向きに表現する方法はない」と断じたシャリーアティーは、レバノンでも知られていた。

殉教に対するシャリーアティーの考え方は、イスラム世界に新しいタイプの若者たちを生んだ。自己の理想が現世で実現する可能性がない場合、殉教は死後の世界で自己の理想が実現する可能性を与えてくれる。しかも、キリスト教徒のように相手の暴力を受け入れながら自分は暴力で対抗することを拒否したり、仏教徒に見られるように自分の体を火中に投じて犠牲になったりするのとは異なっており、自分自身を抹殺することによって、自分よりも強くて現状では絶対に勝つことができない相手にも死をもたらす英雄的な行為にほかならない。新しいタイプの殉教は、門を閉ざして願いを聞き入れてくれない現世にあって、神との結びつきを維持しながら自分の進むべき道を求めて苦闘している一人ひとりの人間の心を、イスラム独特の先鋭化した形で表現している。

しかし、いったん絶望的な状態に置かれると、新しいタイプの若者たちは「相手を殺すか、さもなければ自分が死ぬか」という二者択一型に図式を単純化して、自分の命を気軽に秤《はかり》に掛ける傾向がある。シャリーアティーの名は、こういったタイプの若者たちの気持ちを世に伝える代弁者としても広く知られるようになった。

近代の殉教は、こういった極限状態を反映している。個人としての存在が認められない状況のなかで死を選び、同時に自分を不幸に陥れた人々の命も奪う。殉教という行為は、自殺と殺人の間や自己の放棄と自己の確認の間で揺れ動く。個人としての自己確認と自己否定、勝利への意欲と命を捨てる意欲、自己の理想を達成したい意欲と自己を喪失したい意欲。戦って勝つ意欲と同時に死ぬ意欲など、さまざまな思いが心のなかを行き来する。この行為には聖人に値する資格が与えられ、この世で味わった大変な不幸に見合う幸福な最期が保証される。シャリーアティーは、自分の命の重さを考えることなく、いとも容易に「他人を殺すか、さもなければ自分が死ぬか」と、二者択一の結論を急ぐ現今の若者達の代弁者となった。

個人として死を迎える殉教者

フサインをモデルとする殉教の考え方は、感情的にも神学的にもスンニ派には深く浸透していないが、それでも三つの点に注目する必要がある。まず、ペルシャ語からアラビア語への翻訳が盛んになり、シャリーアティーやモタッハリ、ホメイニといったシーア派の学者や聖職者の著作が次第にアラビア語や他のイスラム国の言語でも手に入るようになったことである。また、アラビア語を母語とするシーア派の人々が同じテーマについて書いた論評なども、アラブ世界はもちろん、他のイスラム諸国でも広く読まれるようになった。その結果、マウドゥーディーやクトゥブのようにジハードと殉教について語った知識人の著作も、原書や翻訳——マウドゥーディーの場合はウルドゥー語からアラビア語や英語に、クトゥブの場合は英語、ペルシャ語、ウルドゥー語など——で広く読まれるようになった。また、それぞれの国のシーア派が、この殉教に関する考え方を周囲のスンニ派に伝える中継ぎの役割を果たした。例えば、レバノンでは南部に住むシーア派が、殉教に関するシーア派の考え方をパレスチナ人に伝えた。アラビア語を母語とするイラクのシーア派は、サダム・フセインの政治に反対すると同時に、殉教に関する考え方を周囲に伝えることも怠らなかった。パキスタンのシーア派は、隣国アフガニスタンがソ連の占領下にあった当時、現地のスンニ派の反ソ運動を惜しみなく支援した。もう一つ、特記すべき事実がある。それは近代的なマスメディア——特にテレビ——の存在にほかならない。視聴者はイランの革命防衛隊がイラン・イラク戦争に介入した様子をテレビの画面で見ることができたし、イスラエル軍のレバノン侵攻の様子や前後二回にわたるパレスチナ人の民衆蜂起《インティファーダ》の実態も目の当たりにすることができた。しかも、視聴者が自分の見たテレビニュースを周囲の人々に話すことの波及効果は計り知れない。一九九〇年代後半、旧ユーゴスラビアのボスニアで行われた「民族浄化」

は、ヨーロッパ在住のイスラム教徒の間に大きな反響を呼んだ。フランスの大都市郊外に住むイスラム教徒の若者は、この事件を伝えるテレビニュースをきっかけとして、事件の加害者とされるセルビア人に対する戦いを叫んだ。

第二次世界大戦ののち、そして特に二〇世紀の最後の約三〇年間、近代化した欧米に対して、自分はイスラム教徒だというアイデンティティーを誇示する傾向がイスラム系の――聖職者も一般の人々も含む――知識人の間で強まった。なかでも、シャリーアティーなど一部の知識人は、歴史のうえで階級闘争と呼ばれている共産主義者の闘争に倣って、欧米の支配に対する闘争を展開すべきだと提唱した。また、ホメイニやクトゥブなどは、イスラム国家を建設して政治権力を握った暁にはイスラム法《シャリーア》を施行すべきだと主張した。また、マウドゥーディーのように、イスラムの教えを社会に浸透させないままイスラム法を押しつけることは独裁につながるとして、まず一般大衆を教育してイスラム意識を高めるべきだという主張もあった。国がイスラムの教義や法規を適用する前に、社会全体のイスラム化が不可欠だという考え方である。

これらの考え方に共通しているのは、一方でイスラム社会の現在の在り方に反対すると同時に、他方でイスラム教徒を物質主義や快楽主義に走らせて堕落させる欧米の倒錯した考え方に反対していることである。個人とは何かを欧米に対する反対の声に支配されずに自主的に定義づけられるようになるためには、そして、外部の世界と穏健な関係を維持しながら、自分たちは現代に生きるイスラム教徒だと胸を張って言えるようになるためには、新しい世代の知識人が出てくるのを待たなければならない。

殉教病

殉教者の道に踏み込む動機は、イスラム国家の枠のなかで自己を確立することが不可能だからか、国境を超えたイスラム共同体《ウンマ》の建設を望んでいるからかだが、どちらの場合も欧米自体か欧米陣営にくみする人物や組織が敵と見なされることには変わりない。例えば、イランの革命支持派はイラクをアメリカの手先と決めつけたし、アルジェリアの過激派「イスラム救国戦線《フロン・イスラミック・デュ・サリュ》（ＦＩＳ）」は同国の軍部をフランスの言いなりになっていると非難している。この遺恨の陰には二つの要素が垣間見える。その一つは、見かけは愛情だが実は憎悪であり、見かけは寛容だが実は無気力なのだという現象だ。もう一つは、自発的でなければならないところが実は受け身であるという現象だ。どちらも一種の倒錯現象であることは間違いない。人間が自分としての人生を生きようとするのは当然であり、自分の人生についての方向が見えてきたあとは、周囲の人々のことを念頭に置いて生きようとする。しかしながら、最初の段階から周囲の人々のことばかり考えていたのでは、自発的な人生を送ることなどできない。ただし、このことは周囲からの影響を排除することでもないし、すべてを自分だけが一方的に決めるという意味でもない。イスラム過激派の考え方では、外部の人々との関係――特に欧米との関係――のベースは相手に対する憎悪だという。憎悪の気持で相手を突き放し、相手を悪魔と見なすことが必要で、相手との間に共通点を模索することなどありえない。もちろん、これはイスラム教徒だけに見られる現象ではなく、さまざまな系統の過激派にも類似の現象は見られる。

相手に対する恨みという点では、不合理ともいえる別の側面がある。報復や制裁の対象にされた民族集団が相手に対して抱く憎悪（例えば、欧米に対するイスラム過激派の憎悪、ユダヤ人に対するシオニズム反対派の憎悪、イスラム教徒に対するユダヤ教徒やヒンズー教徒などの過激派の憎悪）は激しく、憎悪の念に駆られた人々は文字どおり平常心を失ってしまう。その結果、死を賭した戦いしか頭に浮かばなくなる。言い換えれば、絶対に相手を殺すか、自分が殺されるか、相打ちになるか……それ以外に策はない。ここまで来ると、殉教志向も一種の病気となる。はるかなる理想を求めて生き抜く戦いではなく、死に向かって突き進むことだけが自分に残された道なのだ。

死と死ぬことへの恐怖

殉教者になるためには、まず死の恐怖を克服しなければならない。そのため、殉教したいという志願者を引き取って、聖なる死を迎えるための準備教育を施す組織もある。こういった組織は、志願者に対して暗示を与えたり教義を教え込んだりして洗脳する。すでに本書でも触れたように、従来型の殉教では儀式という側面が重要視される。聖者の殉教に対して喪に服し、殉教者たちの戦士としての勇気を褒めたたえ、イスラム共同体がアラーの教えから逸脱したり堕落したりするのを防ぐために、自らに加えられた大変な苦痛に耐えた殉教者の能力を賛美した。それは聖なる人々――預言者ムハンマドに随伴した人々や、ムハンマドの家族や子孫――の死であり、一般大衆の死ではない。殉教者のための服喪は共同体全体の行事であり、特定の個人や身内の行事ではない。行事に参加した一般大衆は、人間の限界を超越した例外的な存在である人々の殉教を悼む。イスラム有識者《ウラマー》の指導層や聖職者たちは、聖人や殉教者に超人間のステータスを与えることに消極的だ――いや、時には明確に反対する声もある――が、一般大衆の熱意に押されてしまう。

個人がジハードに加わって殉教することが重要視されるようになったのは一九世紀に入ってイスラム社会が近代化して以後のことだが、特に国家としての独立を目指す政権が近代化を後回しにしたり、独立や自治への道の途上にある社会――例えばパレスチナやチェチェン、それに幾つかの国にまたがっているクルド人の居住地域など――で何らかの危機が生じたりした場合に、このジハードとの結びつきが新たな意味合いを持つようになった。それまでは二義的で中身のない儀式でしかなかった殉教が主要な出来事となり、危機に陥っているイスラム社会に消し難い足跡を残すことになる。この種の殉教は、従来の聖なる死と二つの点で異なっている。第一に、殉教者は個人として行動し、世間一般の俗人が到達できない天上界を目指す。第二に、殉教者は宗教者ではなく、政治の流れに乗って現実を重視している俗世界の一人である。そして、忘れられた過去にばかり目を向けている宗教者とは異なる新たなタイプの宗教者と連携を保っている。

インタビューに応じた殉教者たちは、自分たちと敵の間にある不均衡について証言している。「自分たちは死を恐れないが、敵は死を非常に恐れている。この違いがあるかぎり、自分たちは死に至るまで敵に対して優位に立つことができる」と。殉教者たちは、作戦実施の現場に根を張っている組織（例えばパレスチナでは「ハマス」と「ジハード」、イランでは「バシジ」、アメリカに対するテロ活動については「アルカイダ」）の枠内で行動を起こすことになる。それゆえ、これらの組織に与えられた基本的な課題は、殉教志願者の心の内から死の恐怖を取り除くことにほかならない。そのためには、アラーに祈ることを教え、コーランを学ぶことを教えると同時に、特定の聖職者を殉教志願者の担当に指名して個別に指導させたり、殉教志願者として認められる時期が来るのを待っている若者たちと交流させたりする。死には罪を悔悟し、心を浄化する意味合いもある。殉教者は自分の殉教が原因となって周囲から家族に加えられるかもしれない侮辱に思いを致し、自分を許してくれるよう家族に許しを請う。そして、自分の残した借財を肩代わりしてくれるよう要請し、アラーのそばにいる自分のイメージを汚すような行為をしないよう願う(5)。

死の恐怖は、宗教的なビジョンに救いを求めることによって防ぐことができる。それぞれの人間が消滅する瞬間は、あらかじめアラーによって定められているというビジョンである。人間は、つかの間の命を現世で過ごし、その瞬間が来たら消え去っていくと説いたイスラム学者もいた。アラーが定めた「いつ死ぬ瞬間が来るか」によって異なる個人々々の宿命をうたった詩を、胸がむかつくほど繰り返し唱えたイランの殉教者たちもいた。いずれにせよ、殉教者たちは「いつ死の瞬間が来るかは、あらかじめ定められている」という説明を信じることによって死の恐怖に立ち向かうことになる。聖なる死を目指すにしても目指さないにしても、その瞬間に必ず死が訪れるという前提が実現しなければ殉教も実現しない。その結果、殉教者は「ベッドの上で無気力で愚かな死に直面して苦しむよりも、聖なる死を選んだほうがよい」と公言するようになる。

イスラム世界や地中海周辺地域では、死の恐怖に立ち向かう際に、人間の心を象徴する他の幾つかの事柄――特に、名誉を重んじる心――にも助けを求めている。アメリカの帝国主義（イラクの場合）やロシアの帝国主義（チェチェンの場合）、イスラエルの帝国主義（パレスチナの場合）などによる侵略で屈辱を味わったイスラム教徒の名誉を維持するため、帝国主義の支持者とは死を賭して戦わなければならない。そうすることによって、帝国主義との戦いはジハードの中心思想《ライトモチーフ》になる。殉教者は、このことを遺書のなかで繰り返し強調し、自分が死を賭して戦うことを正当化するよう努めている。それは、とかく殉教を認めたがらない両親を説得するためであると同時に、自分自身にも言い聞かせて、自分は正しい選択をしたという気持ちを堅固にしたいからでもある。若くして死ぬことで、殉教者は社会を支えている大きな柱の一つを折ってしまうことになる。それは、異なる世代の間で互いに助け合うという柱である。高齢化に伴って生じる問題を――欧米の福祉国家のように――国が関与して解決に努める習慣がないため、この柱の欠如は軽視できない。しかし、殉教者は名誉を重んじる姿勢を強調することで、親孝行の義務を果たさないことに対する償いにしようとする。

殉教者は自分自身の存在価値を過小評価するだけにとどまらず、身内の人々の存在価値も過小評価している。イスラムは罪のない人々を死への道連れにすることを許容しているのだろうか。この点について、アルジェリアのＧＩＡの幹部マーフード・アスーリは「アルジェリア人は三種類に分けられる。第一はイスラムと戦う人々、第二はイスラムのためにジハードに参加する人々、第三は民主主義や選挙を通してイスラムを支持する人々だ」と述べ、さらに「この第三種の人々は偽善者であり、第一種の人々と同じ理由で消されなければならない」と宣言している。アラーのために戦ってアラーのために死ぬことを褒賞と見なし、その戦いによって敵の姿を全人類の前にさらけ出すことができるという考え方によれば、戦いから身を引く者は裏切り者でしかない。そして、その裏切り者が死ぬことは——それがイスラム教徒であろうと異教徒であろうと——宗教的に容認される。この考え方は、高齢者や女性や子どもを寛大に扱い、戦いに加わらなかったイスラム教徒まで死の対象に加えることはしないという従来のしきたりと相いれない。

また、願望についても、神秘的な関係が次第に広がってきている。この名にふさわしい唯一の「願望」は、「アラーの道で、アラーのために、アラーへの愛によって死ぬ」ことである。何事にも増して激しく心を魅了するのはアラーとの結びつきであり、人間社会の物質的な豊かさではない。アラーへの願望が結晶の域に達すると、人間社会とのきずなは——家族や身近の人々との関係を含めて——解き放たれる。アルカイダの場合もパレスチナの殉教者の場合も、秘密が漏れるのを防ぐために、親たちは息子が死を決意したことを知らされていない。さらに、殉教者は自分と人間社会との関係を思い起こさせるような事物から、できるだけ遠ざかっていなければならない。家族も例外ではない。テロ組織は、配下のメンバーと殉教志願者だけの対話の場を設定し、外部との接触を遮断する。周囲から隔離されて死と向かい合う殉教者を、組織のメンバーは温かく迎えてくれる。二〇〇一年九月一一日の同時多発テロの場合など、こういった隔離された場を設けることは物理的に不可能だったが、それでも殉教志願者たちは周囲との接触を控え、殉教を望んでいる自分の行為を聖なる行為だとして正当化してくれる想像上の共同体《ウンマ》に思いを致しながら、一人静かに一種の遺言やメモを書き残すことができた。同時多発テロの首謀者の一人モハメド・アッタの遺書とされる文書も同様である。この遺書はコーランのさまざまな章に言及し、自分の死が聖なる死であることを自分で納得したうえで実際の行動に移る必要があることを繰り返し強調している。心の清らかさは体の清らかさと表裏一体であり、みそぎによって心も体も清めなければならない。みそぎは信奉者の心を清め、来世でアラーと対面する準備をしてくれる。

死は現代の殉教者にとっても中核となる概念だが、それは何も死に身を投じて姿を消すからだけではなく、その死の持つ意味合いが重要だからである。いつの時代でも、時の政権に対してイスラム教徒の集団が反旗を翻し、正義を叫んで権力側の不正を非難する。イスラムには、よく引用される「権力は不敬虔でも永続するが、不正があったら永続しない」という伝承がある。しかし、正義と不正の概念は、大公と大衆の間に一定の関係があることを前提として定義づけられている。それは羊飼いと羊の群れの関係に等しい。言い換えるならば、羊飼いや大公は羊の群れや大衆の安全を守り、それと交換に、羊の群れや大衆は羊飼いや大公の支配的地位を受け入れるということである。この関係に政治が入り込む余地はない。大衆が権力に参加することは完全に排除されている。その見返りとして、権力者は自分よりもさらに上に君臨する王国の権力者から、自分の配下の大衆を守らなければならない。

現代の新しい事実として注目したいのは、殉教の目的が変化し、羊飼いと羊の群れの例のように不正な政府を倒して別の政府を樹立するだけが目的ではなくなっていることである。二種類の殉教が考えられる。パレスチナやアルジェリア、イランなどの場合は、国家のために奉仕しても個人としての自己の存在を確認することができないため、殉教することによって自己の存在を主張する。しかし、殉教者の願いに沿った形の国家は建設されないままになっている。一方、アルカイダの場合、死は、これとは異なる性質の孤独感を表している。死は、自分と特定の国ではなく全世界との関係を見直すきっかけを与えてくれる。このような殉教のグローバル化に没入するのは、自分のアイデンティティーに不安を感じている者が多い。イギリスやフランスなどヨーロッパの国々で非難の対象となっている若者たちや、何年かヨーロッパに住んだあとヨーロッパの堕落した道徳観に染まりかけている若者たちだ。

どのような殉教をする場合も、殉教者は常に同じような具体的な問題に突き当たり、死を前にして戸惑う。その問題とは、第一に「死を前にしての不安や苦悩を、どのようにして克服すべきか」、第二に「死への手順を、どのような計画に沿って進めるべきか」、そして、第三に「自分自身を消してしまう作戦を、どのように実行すべきか」である。これに、さらに他の問題が上乗せされる。例えば「どのようにして敵を死に至らしめるべきか」や、「戦争に直接関与していない人々や自分を守る手立てのない人々を、どのようにして平常心を失うことなく消してしまうべきか」などである。言い換えるならば、罪悪感を覚えることなく、また「他人を殺してはならない」という根源的なタブーを犯すことに心を迷わせることなく、どのようにして相手を死に至らしめるかである。

殉教志願者の心を襲う死の恐怖と戦うために、自己暗示に加えて天国のことが繰り返し引き合いに出される。その際には、現世とは異なる素晴らしい世界で永遠の人生が待ち受けていることが強調される。アラーも殉教という行為を高く評価して、すべての罪を許し、殉教者を「選ばれた人々」の列に加えてくれる。殉教者は、殉教という行為を通して、現世で過ごした無意味な人生の枠を超え、新たな世界で喜びに包まれる。これこそが殉教という聖なる行為に対する褒美であり報酬なのだ。

　その場合に残るのは、殉教者を取り巻く状況に関して間接的ないしは部分的に責任があると判断された人々に対する処遇である。殉教者は「他人を殺してはならない」というタブーを克服して、こういった人々に死を与えなければならない。このタブーと戦う殉教者の悩みを理解し、どのように支援して悩みを解消させるべきだろうか。それには二つの方法が考えられる。その一つは権威ある宗教者による神学的な助言で、イスラム教徒に迫害を加えている政治体制に直接的か間接的かを問わず加担している者は死に値すると宣言することである。そして、さらに同じ助言のなかで、自分たちと同じ宗教を信奉している——宗教的な意味で兄弟のような存在である——人々を隷属状態に置いているイスラム教徒を死に至らしめるのも合法的だと宣言することである。

　他人を殺すことに対するタブーと戦うもう一つの方法は、殺人や大量虐殺を宗教的な儀式として描き、殉教者を心理的に慣らしていくことである。儀式が進行する過程で「敵」が殺されるストーリーは、イギリスで入手できるビデオカセットに入っており、フランスでも一九九五年以前に出回っていた。イスラム教徒の戦士が血みどろになって戦い、敵を殺す場面が録画されている。この種のビデオカセットの一つに、アルジェリアの過激派組織「布教と戦闘《プレディカシオン・エ・コンバ》（ＰＥＣ）」

の手による『アルジェリア』と題する録画があり、二〇〇二年にロンドンで一〇ポンド（一五〇〇円弱）で購入することができた。ビデオは、まず「アラーの裁きが地上で執行されるまで彼らと戦え！」という神の命令とともに始まる。そして、「敵は悪魔の名において戦っています。あなた方はアラーの名において戦うのです」というナレーションが流れる。過激派の聖戦士たち――つまりゲリラ戦士――がアルジェリアの正規軍に対して待ち伏せ攻撃を行う。正規軍の隊列が接近してくる。大爆発が生じ、トラックも乗っていた兵士たちも一瞬のうちに全滅してしまう。武装したゲリラが爆発現場に近づく。カメラは虐殺の場面を映し出す。アルジェリア軍の若い兵士たちの血染めの死体だ。一人の死体には首がない。もう一人は人間というよりも、むしろ食いちぎられた肉の寄せ集めに近い。突然、ゲリラの一人が「まだ生きてるヤツが一人いるぞ！」と叫びながらナイフを振りかざし、倒れている兵士の喉《のど》を切って殺す。カメラは喉を切られた兵士の頸《けい》動脈からほとばしり出る血を、五回も繰り返して映し出す。他の兵士に対しても、同じように喉を切ってとどめを刺す行為が繰り返される。これとは別の『ジハードの鏡』と題するビデオカセットには、アフガニスタンのタリバンが北部同盟の兵士の首を刀で切断する場面が映っている。また、ボスニアで作成されたビデオカセットには、宗教を否定する無神論者のグループに対するジハードが撮影されている。これらのビデオカセットは、敵がイスラム教徒であるかないかにかかわらず人間に値しない存在として見せ付けると同時に、殉教志願者たちを殺人に慣れさせることも狙っている。殺害されたアルジェリア軍の兵士たちは徴集されたイスラム教徒で、なかには無理やりに兵役に就かされた者も含まれている。こういった殺人の場面がビデオカセットなどで公開されるのは、羊の喉を切って殺す神事と同じような行為をイスラムの敵にも適用するという意味合いがあるからだ。敵は動物に等しく、動物を生贄《いけにえ》にすることは聖なる行為とされる。また、武器として刀剣を使うのは、この考え方を裏づけると同時に、いにしえのイスラムの英雄の武勲に思いをはせ、きずなを強めるためでもある。

第二章　困難に直面している国家単位のイスラム共同体

国が困難に直面している場合、その国のイスラム共同体《ウンマ》に見られる殉教には二つのタイプがある。パレスチナの場合は、民族国家の建設をめぐる危機を目の前にしての蜂起（第一次インティファーダ）と、その目標は実現しそうもないという絶望感を表す蜂起（第二次インティファーダ）が殉教の出発点となっている。これに対して、イランの場合は、すでに民族国家は存在しているものの、イラクとの戦争によって足元がぐらついた。イランは、この対イラク戦争を、イスラム教徒の新しい民族国家を破壊しようとする帝国主義者の策謀として戦った。しかし、それまでの戦い方の延長では、イランをイスラム政治の名にふさわしい有徳で勇敢な国家にすることは極めて困難だということが分かった。イランの殉教は、こういった状況の中で生まれた。ここでは、数十万人の若者が聖なる死を全うするという、殉教者の数としては史上に例を見ない規模に達した。

イランの殉教者

イランにおける革命は、一九七〇年代の末期から一九八〇年代にかけて行われた。それは、大ざっぱに見て、一九七八年からホメイニ師が死去する一九八九年六月までだが。この時機、殉教という現象は、イランの長い歴史を振り返ってみてもイスラムの時代だけに目を向けても、とにかく未曾有の勢いで広まった。国王《シャー》に対する闘争かイラクに対する戦争か［原注　イラク戦争（一九八〇～一九八八）は、二〇世紀後半では最も長く続いた戦争で、死傷者は両陣営合わせて五〇万人を超えた］を問わず、[1]殉教は特に若者の間で日常的な出来事と化していった。その大多数は物質的にも精神的にも恵まれない中流階級の底辺か下層階級に属する若者たちで、親の代か祖父母の代に地方に見切りをつけて都会に出てきた人々だった。当初、殉教者の急激な増大は、シーア派に限られた特殊な現象と見られていた。この考え方を裏づけたのは、レバノン南部のシーア派が次第に過激化し、現地を占領しているイスラエル軍に対して自爆攻撃を加える例が増えたことだった。この殉教とシーア派を結びつける考え方が一掃されたのは、パレスチナでハマスやジハードといった組織が根を張り、アルジェリアでも「イスラム救国戦線《フロン・イスラミック・デュ・サリュ》（ＦＩＳ）」崩壊のあとを受けて「武装イスラム集団《グループ・イスラミック・アルメ》（ＧＩＡ）」などの過激な組織が生まれた一九九〇年代になってからだった。

成り行き任せの革命

宗教的な側面に加えて社会的な理想と政治的な理想の実現を旗印に掲げたイランの革命は、一般大衆の歓喜の声に包まれて実現した。革命の主なスローガンは「自由、独立、イスラム共和国」だったが、その陶酔感は長続きしなかった。経済状況の悪化に対しても、新たなエリートたちの間で繰り広げられた激しい権力闘争に対しても、さらには八年以上も続くことになるイラクとの戦争に対しても、革命は何ら有効な対策を打ち出さなかった。

革命は、国王《シャー》に搾取された「石油に対する権利」の回復を国民の一人ひとりに約束していたが、革命の成功に伴って高まった期待が裏切られたことは誰の目にも明らかだった。

革命への動きが具体化し始めたころ人々の心には明るい夢が芽生えていたが、その革命が成功してから一年も経たないうちに、夢と社会の実態は完全にかけ離れてしまった。革命後の初年度は経済面への打撃も比較的軽かったが、その後は次第に成長が抑制されるようになった。やがてイラクとの戦争が始まり、イランの産油地帯（フゼスタン）が主戦場になる一方、革命運動が一段と先鋭化して政治が不安定になると、イラン経済は目に見えて後退した。しかも、それと同時に、革命が約束していた理想的な正義に逆行する超投機的な経済が一挙に幅を利かすようになった。その結果として懐を肥やしたのは革命運動に寄生する少数の人々で、中流階級や下層階級の人々はインフレと失業に苦しむことになった。

産業の主な部門の国有化、逃亡中の実業家の土地財産の没収、革命後の放置、かつては技術者や科学者を輩出していた中産階級の大規模な国外逃避などによって、イラン社会は悲劇的な状況に追い込まれていった。人々の間には裏切られたという失望感――ある人々にとっては期待した反革命が空振りに終わったという失望感であり、ある人々にとっては革命支持派の思い上がりに対する失望感だった――が広がり、革命をめぐる動きの相次ぐ失敗を目の当たりにして、国内は重苦しい雰囲気に覆われた。深刻化する貧困問題、特に貧富の格差の拡大、形を整え始めていた新たなエリート階級と変化からとり残された人々の格差の拡大、せっかく持っている資源を非生産的な活動に振り向けた投機経済の失敗などである。対イラク戦争によって、こういった状況はさらに深刻化した。この戦争は若者を死に追いやり、イランの石油資源の中心地を危険にさらす結果を招いた。

一九七九年の革命から二年も経たないうちに、イランの社会は殺すか殺されるかの本格的な戦争に巻き込まれた。そのなかで、イスラム主義者が実権を握った政権は「戦争に勝つことが最優先課題であり、そのためにはイスラムを敵視する侵略者イラクに対して総力を挙げて立ち向かわなければならない」という大義名分のもと、反対派を抑圧した。

指標を失った革命、殺し合いに終始する戦争、緊張する社会情勢、低迷する経済活動といったマイナスの要因が重なり、イスラム体制を擁護する強硬派の民兵組織「動員《バシジ》」軍を生む土壌が形成された。(2) バシジは、世界の終末が近づいているという人々の危機感を逆手に取って急激に成長した。若者と呼ばれる年齢層の人々にとって、もはや人生には何の魅力も意味もない。穏やかで平和な死後の未来を予感させる〝価値ある死〟にこそ意義が見いだせるのであって、そもそも

〝無価値な人生〟などに意義はない。こういった考え方が出発点となり、何よりもまず殉教者として死ぬことに全力を尽くすと同時に、ほかの人々に対しても――有無を言わさず――死への道を選ぶよう心の準備をさせることが、イスラム教徒としての最大の務めとなる。もちろん、革命推進派の若者たちのなかでも、このように考えているのは極めて少数にとどまっている。しかし、単に頭数が多いか少ないかの問題ではない。それどころか、彼らは革命の先兵なのだ。彼らは積極的に敵と戦い、イランの国土からイラク軍を駆逐した。その一方で、この少数派は国家によって巧みに操られている。国家権力は、この若者たちを支配下に置くことによって、自分たちの行動を正当化することができると判断したからである。こういった理由で、この若者たちの行動は国家権力の影響下にあるマスメディアによって大々的に取り上げられ、新聞やテレビは「最前線からのレポート」に紙面や時間を割いた。こういった宣伝や美談によって、聖なる死を求める若者たちは、英雄不在の現代における「スター」になった。革命後の政権は、最前線で死んだ殉教者や〝生きている殉教者〟――イラク軍による化学兵器を使った大量虐殺を生き抜いた人々や重傷を負った人々――を英雄として賛美し、逆境のもとで行われた殉教も合法的だという主張を裏づける材料に使っている。

シーア派とイスラム革命の関係

イラン革命の精神的な支柱はシーア派の教義だが、それは伝承に基づく昔ながらの教義の単なる再生ではない。時代とともに教義自体が複雑な経過を経て変化し、さまざまな階層の人々にとって格好の武器となった。そして、一九世紀末ごろになると、教義の内容は宗教の手を離れて独り歩きをし始めた。さらに、一九七〇年代に入ると、アリー・シャリーアティーに代表される革命思想を軸として、先鋭化の傾向が一段と強まった。イラン革命では、アリー・シャリーアティーが多用した「革命による自己形成」「赤いシーア派教義」「アリーのシーア派教義」などの表現は、まるで合い言葉のように使われた。しかも、シーア派の教義が宗教から離れて独り歩きし始めた結果、イスラム教徒の果たすべき役割は抜本的に変化した。かつてのシーア派イスラム教徒は心を静めて祈りに集中し、世の中の不正を嘆き苦しむことに救いを見出す一方で、救世主《マフディー》（八七四年に姿を隠した第一二代イマームのムハンマド・ムンタザル）の出現に希望を託すのが通常だった。そして、世の終末に思いをはせながら、目の前の動きに対しては受け身の反応しか示さなかった。そのことが、不正に満ちた支配層に大衆を抑圧する機会を与える結果を生んだことは間違いない。それならば、現在はどうか。熱心な信者は世の中の成り行きを傍観せず、むしろ積極的な反応を示すようになった。その余波で、支配階級の間に広まっていた見せかけのシーア派——いわゆる「サファビー朝」〔訳注　一六世紀初頭から一八世紀半ばまでイラン高原を中心とする地域を支配下した王家〕のシーア派——の教義も、真に革命的なシーア派に変わった。これは、圧政者に対して繰り広げられた革命的な闘争の果実である。アリー・シャリーアティーの立場から見ると、この傾向はシーア派の本来の教義に合致しており、姿を消したイマームの再出現を促進するものにほかならなかった。近代化への潮流のなかで、イランの若者は、自分たちこそ歴史の主役なのだということを初めて認識した。もはや不正に満ちた世界の片隅で不幸を嘆いているだけの受け身の存在ではないのだ。こういった傾向は次第に根を広げ、世界の終末が近づいているという人々の危機感を逆手に取って急激に成長した。革命を機に結成された治安担当の民兵組織バシジも、その代表的な一例である。革命が一段落してイラク戦争が始まると、シーア派の教義は前線で戦死する若者たちを殉教者として遇するための理論的な裏づけとして利用されたほか、イラン経済の悪化に歯止めをかけることも社会不安を軽減することもできなかった権力者たちの面子を保つための説明材料としても使われた。

ここまで見てきたように、シーア派の場合、殉教はスンニ派よりもはるかに重要な役割を演じている。シーア派の歴代イマームの生涯を特徴づけているのは殉教――実際に殉教したか、殉教したと伝えられているかのどちらか――である。また、こういった歴史に名を残しているシーア派の人物たちは、その大多数が――これも実際の出来事か、それとも信者の心にはぐくまれた想像上の出来事かはともかくとして――スンニ派の権力者による虐待の犠牲となって命を失っている。シーア派の教義を研究している現代の専門家のなかには、この教義に見られる終末論［訳注　人類が終末を迎えるとき、最後の審判が行われ、神の善が永遠の勝利を収めるという説］的な側面を重視すべきだという考え方もある。もっとも、実際は、一六世紀にサファビー朝支配下のイランで国家宗教として採用されて以来、シーア派は外部への布教活動などよりも自分たちの信仰を固めようとする内向的な傾向が強かった。しかも、マフディー――先に述べたように、第一二代イマームの異名――の出現に対する期待が強かっただけに、同イマーム以外に地上で権力を振るう者の存在を認めなかった。言い換えれば、どの権力者が正当かなどという議論など入り込む余地さえなかった。シーア派の信者たちは世の終末が来るのを待ちながら、それまでの〝つなぎ〟として何回か専制政治を受け入れた。(3) これに対して、権力者のほうもシーア派の苦痛主義［訳注 自分の体を鎖で打つなどの苦痛のなかにこそ、道徳的、審美的、知的価値があるというシーア派独特の考え方］を巧みに利用し、必要に応じて物質的な支援をするなどしてシーア派を敵に回さないようにした。(4) その結果、宗教界と政界との間に暗黙の共存関係が生まれ、王朝の盛衰や権力者の主導権争いなどで社会不安が生じないかぎり、大きな問題は起きなかった。しかしながら、一九世紀初頭からイランに対する強国の圧力（南からイギリス、北からロマノフ王朝時代のロシア）が増大したのを受けて、イランの宗教界にも新しい動きが見られるようになった。バザールの商人や都会の市民層の支持を得た聖職者たちは宗教の枠を超えて発言し、政治権力の「非正当性」を声高に批判し始めた。さらに、二〇世紀を通じて、シーア派の教義はイランの政治を形成する三本の大黒柱の一本となった。あとの二本は、一九三〇年代から重要視されるようになったナショナリズムと、イスラム革命に至るまでイランの知識階級に極めて強い影響を与え続けたマルクス主義である。

イランでは、社会や経済の急激な近代化に伴って新しい社会階層が台頭したが、国王《シャー》は新しい社会階層に政治の門戸を開放しなかった。そういった一時期を経たあと、イラン社会にはイスラム原理主義の高波が押し寄せた。一九七〇年代に入ると、シャーに反対する勢力は、左翼やイスラム原理主義者と肩を組んだため、当初の民主主義的な性格を失うようになった。(5) さらに、一九六三年に起きた宗教界を中心とする反体制運動が弾圧され、運動の指導者ホメイニがイラクに亡命して以降は、イスラム原理主義者が急激に先鋭化した。シャーの体制は、民主主義を旗印に掲げる反対勢力を次々に抹殺した。その結果、反体制運動を続けたのは民主主義に程遠い過激派だけになった。

イスラム革命の前夜、イランの国内情勢は異常だった。一方で、イランは高い成長率を記録し、欧米への窓が開かれて、近代化の波は都会の新しい社会階層――特に中産階級――にまで広がった。しかし、それと同時に、一九六〇年代の農業改革以降、政治への扉は固く閉ざされ、都会の新しい社会階級が政治に関与する道は完全に遮断された。これに対して、新たな反対運動が芽生え、次第に勢力を拡張した。折しも、シャーが病を得たことや、アメリカでジミー・カーターが大統領に当選して人権問題が重視されるようになり、イランに関しても「サバク（SAVAK）」の名で知られる秘密警察の弾圧政策が問題視されるようになった。革命運動は、さまざまな階層が一時的に手を結んだ結果だった。そのなかには、イランの地場経済を牛耳るバザールの商人たち、ホメイニを後ろ盾とする急進的な聖職者の一部、左翼寄りや極左思想の知識人、近代化の途上にありながらシャーの政策に不満を感じている都会の新興階級などが含まれていた。この統一性に欠けた集団の間から革命を目指す統一運動が生まれ、都会に住む一般市民が国王に対して一斉に立ち上がった。この統一運動のビジョンは焦点がぼやけており、スローガンも「正義」「自由」「平等」「イスラム」など実に矛盾に満ちていた。シャーの政権が倒壊したとき、権力を奪取したのは雑多な混成集団だった。例えば、シャーが去ったあと九カ月にわたって暫定政権の首相を務めたバザルガンなどが、聖職者のグループやバザールの有力者、ホメイニが指名した人々、シャーの失脚後にイランに帰ってきたバニサドルのような亡命知識人、モサデグ〔訳注　イランの政治家（一八八二〜一九六七）。一九五一年に首相になり、石油の国有化を実行したが、五三年にシャーを支持する軍のクーデターで失脚〕時代の民族運動の関係者、イスラム原理主義運動「フェダイヤネ・イスラム」の幹部などと接触し、協力を求めた。

現実の歴史は正当な政権の動きとは別のところで進行した。一つはホメイニの周辺で進行し、もう一つはバザルガン首相の周辺で進行した。さらに、もう一つはベヘシュティ（イスラム法学者、一九二八〜八一）の周辺で進行した。この三つ以外にも地域グループが幾つか形成され、それぞれの地元で影響力を行使した。バザルガンを支持するグループ以外は、どれも種々雑多な寄り合い所帯だったが、いずれもがホメイニへの忠誠を誓い、反民主主義的な信条を共有して「ヒズボラ」の中核を形成していた。この名称はコーランに由来し、「アラーの党」を意味している。しかし、ヒズボラに攻撃されたグループからは嫌われ者として扱われた。ヒズボラは組織化が進んでおり、国家から財政的な支援を受け、軍隊に準じる組織として反対派を威圧し、時には粛清し、事あるごとにホメイニの名前を出してイランの徹底的なイスラム化を叫んでいた。ヒズボラは政治団体として「イスラム共和党」を名乗り、下層階級の若者や農村出身者、それに革命の進行中に一定の区域や工場、町村などの治安を担当したグループのメンバーなどを採用して委員会《コミテ》と名付けた。その後、このコミテは次第に浄化され、弾圧を担当する機関として新しいイスラム国家の一翼を担うようになった。

大衆迎合を重視する民衆主義《ポピュリズム》の例に漏れず、ホメイニも大衆受けのする旗印を掲げようとした。そして、世論を巧みに操作して大衆の期待を高め、次に共通の敵を名指しした。それはアメリカ帝国主義であり、ホメイニはコーランに由来する表現を使って「世界的な高慢さ《エステクバレ・ジャハニ》」と決めつけた。革命の失敗の責任を他人に押し付けるために「身代わりの子羊」を必要とする状況下で、アメリカ帝国主義は格好の標的だった。そして、その一方で、ホメイニは宗教も政治も自らの手中に収め、革命後に「アヤトラ・オズマ」［訳注　ペルシャ語で「大アヤトラ」の意味。聖職者のうち宗教心や学識の秀でた人物を「アヤトラ」と呼び、そのなかでも特に権威ある数名を「アヤトラ・オズマ」と呼ぶ］に昇進して、イランの宗教界を代表する第一人者になった。

イスラム革命防衛隊

国王《シャー》が失脚し、革命政権が発足して間もなく、まだ足元が十分に固まっていない新体制を反革命勢力の攻撃から守るために、新政権は民間の若者を募って武装組織を発足させた。この組織のペルシャ語の名称「バシジ」は「動員」を意味している[6]。その後、イラク戦争の初期の段階で、バシジは別の民兵組織「イスラム革命防衛隊《パスダラン》」と合体し、その指揮下に入った。本来のイラン軍は幹部がシャー寄りの心情を抱いているのではないかと疑われていたこともあって、民兵組織は軍隊と一線を画していた[7]。バシジの隊員は自発的に応募してきた志願兵で、ピーク時の隊員は約四〇万を数えた。バシジの隊員の特徴は、その忠誠心と、死に直面しても恐怖心を抱かないことだった。

イラク戦争は八年以上も続いた。その間、革命の動きにブレーキをかけるなど、さまざま面で支障が生じた。バザルガン首相の率いる「自由のための運動《ネフザテ・アザディ》」は当時すでに弱体化していたこともあり、戦争には反対しなかった。このことは、イラン社会全体が単一の反応しか示さなくなっていたことを如実に物語っている。イスラム教徒の祖国とイスラム革命を守るという大義名分のもと、熱狂的なホメイニ支持者のグループ「アラーの党《ヒズボラ》」は、イランがイラクに侵略される脅威を強く打ち出すことによって権力の拡大強化を図り、シャーの独裁政治から解放されたばかりの社会のざわめきの収拾に乗り出した。このイラクによる侵略の脅威を売り物にすることによって、バシジは革命政権の先兵として表舞台に乗り出し、イラク戦争だけにとどまらず、イラン国内の反対派弾圧でも存在感を示すことになった。バシジは二つの方法を用いた。その一つは、反対派に対して肉体的な苦痛を伴う取り調べを行うことであり、もう一つは、革命期間中の動員の影響で力を使い果たし、自衛の力さえ失ってしまった社会に、ホメイニ体制を維持するために命を捨てる用意がある若者たちがいることを示すことによって、ヒズボラの合法性を認めさせ、ホメイニ体制の合法性を裏づけることだった。(8)

バシジに倣え

対外的な戦争に加えて、国内では反革命派——極左か王政支持の右翼かのいずれにせよ——の反乱など、革命がさまざまな脅威にさらされているとき、若い（一八歳から三〇歳まで）、いや、もっと若い（一四歳、時には一二歳という例もある）人々が革命を守るために犠牲になることをいとわない。この若者たちにとって、ホメイニは聖人であり、学者であり、優れた政治のリーダーでもある。この人のためならば、高波に押し流されている革命を救うために喜んで殉教する。

イラクとの戦争が始まり、イランの南西部国境地帯がイラク軍に侵略されたことは、イランにとって脅威だった。イスラム革命によって強く打ち出された領土の保全が脅かされている。宗教的な感情が愛国心と一体化した。イスラム革命に対する危険は、イランの領土の保全を脅かす危険と同一視されるようになった。かつてのフランス革命当時の現象と同じように、イラン人の心は一体化した。フランス革命のときは、革命政権下のフランスに対してヨーロッパ諸国が団結したが、それがきっかけとなってフランスの国論は一体化し、外敵に相対した。イランの場合も、イスラム革命は風前のともしびとなり、イランは侵略の危機に直面したが、それを機に、イラン国民は一体となって敵に相対するようになった。

革命政権下の各組織は、イスラム国家や脅威にさらされている革命政権の防衛に参加したいと願う若者を積極的に迎え入れた。徴兵対象者は正規軍に入隊したが、それとは別に、自らを犠牲にする覚悟を決めている若者たちが自発的に志願してバシジに入隊した。革命政権下の武装組織のなかでは、バシジの部隊編成が最大規模だった(9)。

こういった若者たちの主体性に関する分析結果を見ると、彼らが決して同質ではなく、少なくとも三種類の異なるタイプに分かれていることが判明する。その第一は、革命政権下の危機的な状況を目の当たりにして大いに混乱している若者たちだ。彼らにとって、革命はイスラムを具現化した動きであり、彼らの目から見ても根本的な変革が進行している。しかし、革命の初期の段階では楽観的だった若者たちも次第に悲観的になり、考え方も過激な方向に変わっていく。ある意味で、過激化は革命の将来が脅かされているという危機感の表れであり、革命の進行が停滞して経済状況が悪化するにつれて、過激化も深みにはまっていく。このタイプの若者たちの前に深い裂け目が口を開く。こういった状況のもとで、若者たちは宗教的なよりどころを求めるようになる。この過激化したグループ――これを「殉教症の若者たち」と名付けたい――は悔しさと絶望感にさいなまれ、この二つの感情の間で常に揺れ動いている。このグループは革命の敵と決めつけた相手と対立する。それがイラク軍であろうと、イラン国内反対派であろうと、さらには次第に強まる脅威にさらされているイスラム革命を積極的に守ろうとしないイスラム教徒であろうと、敵は敵なのだ。しかし、それと同時に、このグループの若者たちは、自分たちが生きている間に革命を苦境から救い出せるとは思っていない。彼らの考えは、そこから殉教へとエスカレートしていく。

殉教症の若者たちと並んで、さらに二つのタイプのグループが登場する。その一つは、両親に対して自分たちが親離れしたことを示し、大人として認めさせるためにバシジやパスダランの募兵に応じた若者たちだ。彼らにとって、戦争は未成年から成人になるための通過儀礼でしかない。しかも、戦争の持っているゲームのような側面がバシジに入隊する主な動機の一つとなっている。若者たちが通っている教育施設にはバシジにつながっている組織があり、その組織が若者たちの宗教観を上手に誘導していることも、彼らに大きな心理的影響を与えている。

もう一つのグループはバシジに密着している。イランのように貧困化への道を歩んでいる社会で成功するのは容易なことではない。そうしたなかで、戦争に参加する人々にとって、バシジは重要な社会的ジャンプ台の役割を演じている。[10] バシジとパスダランは、若者軍の指揮官のポストを用意しているが、それ以外に国営の各種の機構にも若者たちを送りこんでいる。この〝日和見主義者たち〟の密着グループは、バシジの若者たちの大多数を占めている。彼らはホメイニのもとに結集するが、それが正しいことだと確信して結集する部分と、国家の最高指導者ホメイニなら社会で昇進する道を切り開いてくれるだろうと期待して結集する部分が混在している。

資金面はどうか。バシジの運用資金はパスダランが負担してくれる。しかし、それと同時に、政府が公共団体や民間企業に割り当てた〝寄付金〟にも頼り、殉教者財団のような機構からの支援金などにも依存している。[11]

一部の若者は、革命の当初の段階に掲げられたユートピア建設の旗印と、革命後の次第に厳しさを増す現実との間のギャップを受け入れることができなかった。彼らは革命の成功を夢見ていたが、イラク戦争の始まったころには、革命によってもたらされた現実の姿を見て絶望的になっていた。若者たちと彼らが夢見た明るい未来の間には、飛び越えられない深淵が生じてしまった。

国によって支えられ、資金の提供も受けていたバシジだが、その要員の年齢構成は不均等だった。大多数は若者だったが、未成年者も含まれ、少数ながら老齢者もいた。バシジに加わった動機は多種多様だった。一方、社会的な出自を見ると、都会の下層階級（中流階級の下部の場合もある）が多く、新採用の大多数は就学経験がある。兄弟が別々の部隊――なかには対立関係にある部隊――に配属される場合もある。[12] すべての出発点として、革命に対する個人々々の考え方が重視される。農村出身の若者もバシジに入るが、イデオロギーは二の次で、まずは都会生活への活路を見つけたいとか、農村の退屈な日々の生活から逃れて実り多き青年時代を過ごしたいといったことが動機になっている。バシジの中核を形成しているのは都会出身の若者で、イデオロギーが彼らの入隊の動機になっている。

国がバシジの中心部に人を送り込み、若者たちを計画的に操ろうとしている様子を目撃することがある。その目的は、若者たちを勇気づけ、バシジに腰を落ち着けるよう指導することにあるという。ただし、権力側が人を送り込んでくるのは、バシジの若者たちを大砲の餌食――兵士と言い換えてもよい――として育成するためだけではなく、自分たちの政権の足場を強化するためでもある。若者が「この政権のためならば命を捨ててもよい」と考える当の政権が弱体化していたのでは、話は始まらない。確かに、殉教症の若者たちはイスラム国家を防衛するために死への道を選んだのだが、彼らを動機づけたのは革命的なユートピア構想が崩壊して生じた混乱であって、その構想の実現は死後の世界を待たなければならなくなった。若者たちにとって、これは自分たちの存在そのものにかかわる事柄にほかならない。しかし、この混乱に革命政権は政治的な意味合いを持たせ、混乱から抜け出して活力を取り戻そうと考えた。そして、バシジの若者たちの過激な思想や行動に社会が激しく動揺して恐怖心を抱いている現実を知り、バシジに節度ある行動を指導できるのは革命政権だけだという点を強調して、自らの足場を固めようとしていたのである。

遊び心に富んだ若者にとって、バシジは自分が選んだ家族だった。生まれ育った本来の家族と手を切り、バシジに入隊して新しいアイデンティティーを手に入れる。死に直面することを前提として、自分のほうから選んだアイデンティティーだ。対イラク戦争のころ、社会で立身出世をする道は閉ざされ、就職年齢に達した若者たちの行き着く先はバシジしかなかった。何とかして社会の階段をよじ登ろうとする若者にとって、武勲の誉れが高いバシジは自分の存在を明確にする意味でも最適の就職先だった。バシジに入隊することによって、若者はイラク軍の侵略で危機に直面している母国を、イスラム国家を、イスラム革命を守るというイラン国民全体の願望にも応えられることになる。その結果、周囲の人々の思いと自分たちの選択が合体し、若者は望みどおりに立身出世の道を歩むことになる。

その一方で、バシジは、若者たちの心に「自分たちは社会全体を相手として、革命の一翼を担っているのだ」という気持ちを植え付けた。そこには、次第に不純の度を増している社会の中にあって、自分たちは純粋だという自意識を強化する意図がある。実際、一般大衆は革命のスローガンから次第に遠ざかっていく傾向を強めていた。経済が不況に落ち込むにつれて、スローガンは空洞化していった。バシジでは、一二歳から一七歳までの少年にも成人に準じるステータスを――時には超成人のステータスさえ――与えた。親の反対を押し切って入隊を志願してきたことに対する高い評価の表れだった。一〇代の少年たちも大人の隊員と同じ制服を着用し、大人の隊員と同じような――いや、時には大人を上回る――待遇を受けた。

一方、バシジには殉教症ではない若者もいた。バシジは失業している若者に声を掛けて採用して報酬を支払い、真剣な気持ちで行えば何事も可能だと教え込む。このグループの動機は殉教志向ではなく、まずは仕事にありつき、その仕事を通して自分を売り込むことだった。もっとも、危機に直面しているイスラム国家イランを救おうとするナショナリズム志向の気持ちも持ち合わせている。極左思想の持ち主の場合は、救う対象がイスラム国家よりも一般大衆になる。さらに、極左思想の持ち主は、バシジに入隊すれば普通の若者と親しくなり、洗脳して仲間に引き入れることが可能だとも思っている。バシジの隊員は、このように各人各様の思惑を抱きながらイラク戦争に臨んだ。極左思想の視点に立つとイラクは欧米帝国主義の先兵であり、ナショナリズムの視点に立つとイラクはアラブ系イラン人の居住地域を征服しようとするアラブ民族主義の代表だった。イラク軍が侵入したフゼスタンには、アラビア語を話すアラブ人も住んでいた。

戦争が長引くにつれて、殉教者たちの熱気も次第に冷めてきた。これに対して、この傾向に歯止めをかけて若者を再び戦場に送り出すため、国も補償制度の整備に取り掛かった。制度の内容は、物質的な奨励策から強制的な措置まで多岐にわたっていた。例えば、最前線に一定期間とどまっていた者は、政府直属の情報関係の部局に入ることができるようになった。この部局は王政時代の悪名高き秘密警察「サバク」と同じような役割を演じていた。また、大学教育を受けたい者と家族は、優先的に入学が認められることになった。さらに、一般の市場に比べて格段に安い価格で商品を購入できる殉教者協同組合が開設され、戦場で負傷したバシジ隊員と隊員の家族に限って利用が認められた(13)。

最前線に出てイラク軍と戦うバシジの隊員は男性で、その大多数は若者だが、ごく少数の高齢者の姿も見られる。確かに、バシジには女性隊員もいる。しかし、彼女らの役割は、負傷兵の治療やベールをかぶろうとしない女性たちに対する監視役、さらには殉教者の家族が政府に「息子を返せ」などと食ってかかるのを防ぐことなどに限られている。殉教者の功績を祝う会――実は殉教者の葬儀――が行われている間、バシジの女性隊員たちは、殉教者の身内や友人たちの抗議デモを抑え込む役割を果たしている。

バシジの女性隊員が実際に戦闘に参加することはない。それは、銃を持ち歩くのを女性たちが拒否したからではなく、イスラム権力者が男女の平等を拒否しているからにすぎない。女性の殉教者は、野戦病院で勤務中やイラク軍の砲撃など、戦争に関係のある状況下で命を落とした人々に限られている。

家庭における権威の喪失

イランの政界に次々に登場する役者の姿を目の当たりにして、昔ながらのしきたりを守っている家族は落ち着かない気持ちに襲われる。王政時代に実施された一方的な近代化によって、さまざまな分野――例えば近代教育や雇用の面――で国家が地域社会に代わって直接乗り出してくるようになり、家庭内のきずなは部分的ながら打ち崩された。一九六〇年代の農業改革以降、土地を持たない農民が大挙して都市に流れ込んだ。その結果、近代化と工業化をベースにした経済の流れに乗って、村と都市の間で揺れ動く家庭の姿が浮かび上がった。その次に家庭が受けたのは、イスラム革命による逆流だった。革命直後のイラン政府は取りあえず最高権威者を置く制度を導入した。ホメイニを「最高の父」とする制度である。この「最高の父」は、イスラム政治を危険にさらす可能性のあるすべての分野で、各家庭の父親に代わって権威を振るうことができる。そういう状況下で、殉教病に侵された若者が両親の願いを無視して家庭を捨ててバシジに加わり、家庭の在り方を大幅に変化させるといった傾向が広がった。革命政府は家庭の外から父親の権威を問題にしたが、殉教病の若者は家庭の内部から、長年にわたって人間社会の柱になってきた父親の権威を切り崩した。そして、自分と血がつながっている父親よりもホメイニとの関係を重視し、息子が最前線に行くのを妨げようとする両親との関係を絶ってでもホメイニの命令に従おうとする。家族の一員だという気持ちを失うことは、殉教病の特徴である。殉教病の患者は、周囲の人々——父母や兄弟姉妹や友人たち——の意見よりも自分の「聖なる死を遂げたい」という熱情を重視する。しかも、感情が高まるにつれて、それ以外のことは何も頭に浮かばなくなる。

バシジの殉教志向のイデオロギーや聖職者たちの説教、世間一般に広まる聖なる死礼賛の風潮などに影響されて、殉教病の患者たちは自分たちだけの閉じられた世界以外に生きる道があることなど考えられなくなる。その段階に達すると、父母の面影も兄弟姉妹の面影も、友人たちの面影もかすんでしまう。殉教病の患者たちの熱情は、家族や友人の存在を精神的な意味に受け止め、どのような姿や体型をしているかなど記憶から削除してしまおうとする。彼らにとって最も気にかかるのは、家族が身内の死を悲しんで喪に服すのではないかという懸念である。殉教者としては、家族が身内の死を歓喜の気持ちで迎えてくれることを望んでいるからだ。

革命の動乱を経験した家族のなかには、殉教を志す息子の気持ちを尊重する例もある。家族のうちの男たち――それも大多数――が相次いで最前線に出ていく。この種の家族は「殉教一家」と呼ばれ、数字としては少ないが社会に与えるインパクトは大きい。この殉教一家は、一般の家庭と三つの点で異なっている。第一に、若い息子が自分から進んで最前線に出ていくことに反対する代わりに、むしろ息子を勇気づけて送り出す。それは財政的な理由からでも権力者のご機嫌を取るためでもなく、死後の世界に温かく迎えられることを信じているからだ。第二に、若い息子だけが最前線に出ていくのではなく、父親はもちろん、時には父母の兄弟や甥《おい》までが後を追って出ていく。さらに、女性も死後の世界を信じて家族の男たちを説得し、バシジへの入隊や最前線への出立を促すようになる。

殉教一家から出る殉教者の構成も一色ではない。まず、父親のほかに息子たちのうちの何人かが殉教志願者だという現象が見られる。これが殉教一家の第一段階である。次は三世代にまたがる構成で、祖父と父親と息子、あるいは大伯父と父親と甥など、いろいろな組み合わせが考えられる。時には、女性が身内の男性の背中を押してバシジに入隊させる例もある(14)。

息子だけが家を出てバシジに入ってしまった家庭の人々は、息子との距離が遠ざかったことを感じながらも、自分たちは現実の世界にとどまっている。しかし、殉教一家の場合、現実の世界と自分たちの間の精神的な距離感は比較にならないほど大きい。殉教一家からは、息子だけが天空に飛び立ったのではなく、家族のなかの男性が何人も飛び立っていってしまったのだ。このような集団殉教に際して両親が若い世代と行動を共にするのは、家族としてのきずなを維持するためにほかならない。

殉教一家になろうとする家族が特に多い地域もある。特に、イラン中部のイスファハン州にあるナジャフ・アバドには、殉教者を数人ずつ送り出した家庭が何軒もある。そのなかには、息子全員を革命に送り出した家庭も幾つかある。ナジャフ・アバドは州都イスファハン市に近く、王政時代には工業化の中心地だった。その町で、なぜ多数の殉教一家を出すような現象が起きているのだろうか。これには幾つかの説明がある。イスファハンには一七世紀にサファビー朝ペルシャの首都が置かれ、それ以降、イスファハン州はイランにおけるシーア派普及の公的な中心地となった。一方、これはイランの地方都市では珍しくない現象だが、互いに隣の町との相違点や対立関係を強調することで存在を誇るという一面がある。その点では、イスファハンとナジャフ・アバドも例外ではない。ナジャフ・アバドの住民によれば、イスファハンの住民は計算高く、うわべだけの信心者だという。しかし、イスファハンの住民は、自分たちのことを誠実で物惜しみをしない性格だと思っている。そのような関係のなかで、ナジャフ・アバドはイスファハンよりも多くの殉教者を出して、その住民の倫理観がイスファハンの住民を上回っていることを証明しようとしたのではなかろうか。

大都会におけるバシジの存在は無視できない。小さな町や地域社会と異なり、大都会ではバシジが人生の道に迷った若者たちに方向を示して、死に至る道まで誘導していく。その場合、ホメイニは不平等で躍動感に欠ける地域社会に対する若者たちの不満を上手に利用して、若者たちを自分のほうに引き付ける。バシジの傘下に入って革命思想に染まった若者たちは、地域社会を不公平で平気で人を傷つけるエゴイストだとして仕返しをする。これとは反対に、小さな都市では地域共同体としての住民の結び付きがほどほどに保たれており、若者の反発も決して激しくない。いや、むしろ地域とのつながりを維持し、大都市に見られるような階層と階層の間の対立などもない。バシジが大きな役割を果たすのは大都市である。大都市の若者は、周囲の人々と何の連帯感も持つこともなく、自分たちは「見捨てられた存在」であり、社会から仲間外れにされていると思い込んでいる。こういった雰囲気に包まれている地域の若者には、その地元社会と関係のないアイデンティティーをバシジが用意してくれる。一方、小規模で住民の同質性が極めて高い地域共同体の場合は、バシジも共同体と一体化して、共同体全体にイスラムや革命政府の恩恵を施すようにしている。そして、若者たちには、イスラムへの信仰を深めることによって母国を守ることができると信じ込ませる。

王政時代に行われた近代化で地域共同体の基本的な構造が崩れた地域では、個人として殉教を志向する者が急激に増え、何かにつけて地域共同体として一枚岩を誇っていた時代に幕を閉じる結果となった。その場合、死への道を選ぶかどうかは本人の責任であり、新たなアイデンティティーのよりどころは地域共同体ではなく国家ということになる。テヘランやイスファハンのような大都会は、このような個人として殉教への道を選ぶ人々の表舞台となった。王政時代の近代化に取り残された地方は、イスラム革命全体に批判的であると同時に、特に殉教病の流行には厳しい目を向けている。例えば、イラン南東部のバルチスタンとシスタンやイラン南部のケルマンでは、その傾向が強い。これらの地方では、若者たちの間の殉教志向率が際立って低い。(15)

結論

イスラム革命、対イラク戦争、そしてユートピアの瓦解。この三つがイランにおける数多くの殉教の原因になっている。革命の最初の世代は、失望し、落胆し、無力感を味わいながら、景気の後退、頭脳の流出、戦争による破壊、金銭づくの新しいエリートの到来に関与した。この新しいタイプのエリートは、自らを捨てて世に尽くす人々や革命の先頭に立つ人々とは対極に立つ存在だ。ホメイニの死は、革命のために死ぬことができる人々の運命にも封印を施してしまった。そして、それに代わって、もはや殉教には全く魅惑を感じない新しい世代が表舞台に登場した。イスラム革命から二〇年も経たない一九九七年、改革派の聖職者モハマド・ハタミが共和国大統領に選出された。ハタミは、この二つの世代を代表している。具体的には、一九七九年のイスラム革命に参加し、空虚な――しかも二〇年後には足元から崩れてしまった――イデオロギーを詰め込まれた世代と、革命には参加しなかったものの、経済や社会生活の面で革命の後遺症に苦しんだ世代である。

この新しい世代の最大の関心事は、かたくなにイスラムの伝統を守ろうとするバシジその他の組織の締め付けや執念深い嫌がらせからの解放と個人の自由の回復であり、革命精神の護持という旗印を掲げて意見の発表を認めようとしない上層部への反発と言論の自由の回復である。

こういった状況下で、殉教は社会の大きな関心事にはなっていない。誰も殉教などに関心を抱いていない。その流れの中で、三つの重要な動きが見られる。学生の動きと女性の動きと知識人の動きである。どの動きも、それぞれの流儀で「いまや殉教の哲学と決別すべきだ」と説き、それぞれの流儀で「われわれにも政治の場を開放すべきだ」と主張している。

イラン国民の大多数は、すべてをアラーの名において上意下達で決めるべきだとする過激派のイデオロギーも、人生を悲劇的か英雄的かに色分けして殉教を最大限に重視するイスラム行動主義も拒否している。現在、イランでは、全員が無批判のまま足並みをそろえる動きに代わって新しいタイプの個人化の傾向が芽を出し始めており、殉教という言葉に感動を覚えることのない若い世代も登場し始めている。

パレスチナの殉教者

イランやアルジェリア、パレスチナなどの殉教者は、自分たちの国を建設するという悲願の達成を目標に掲げている。イランの殉教者は、イスラムの名のもとに革命を成し遂げてユートピアを建設するための総力戦の一翼として、自分の存在を見出した。しかし、夢に描いたユートピアは、間もなく厳しい現実や期待外れの登場人物に遭遇して腰砕けとなった。いったん歩みを止めたユートピアは、殉教への道を探し求めた。革命を至上目的として突き進んだ熱意は、革命の挫折をイラク戦争時における殉教という形で引き続き表現された。パレスチナの殉教にも、イランの例に似た点がある。イランと同じように、パレスチナの場合も、民族国家の建設という大枠にイスラムを取り込もうとしている。しかし、イランが――イスラムの名のもとでユートピアを建設するという理想はともかく――間違いなく独立国であるのに対して、パレスチナは独立を達成していない。パレスチナでは、宗教的な色彩のない「ファタハ」のような組織が若者の動員に失敗したのを受けて、現在は「ハマス」や「ジハード」といったイスラム原理主義を掲げる組織が独立運動の先頭に立っている。

　さらに、イランから見てもパレスチナから見ても、両者の間には二つ目の相違点がある。イランでは国家が基本的な役割を演じているが、パレスチナでは国家構造の中核を形成している組織が、ライバル関係にある組織によって脇役に押しやられている。さらに、一九八七年から九三年まで断続的に行われた「第一次民衆蜂起《インティファーダ》」と二〇〇〇年に始まった一段と激しさを加えた「第二次インティファーダ」の間に、聖なる死の意味が変化してしまったことも見過ごせない。

　二つのインティファーダの間には顕著な違いがある。第一次インティファーダでは、民族国家の建設とイスラム教徒としての自分の存在確認という二つの目標が混然と一体化していた。比較できないほど強大なイスラエルに対抗して、政治的にも文化的にもパレスチナ人の自主独立が達成されたと自覚できるような社会の建設に貢献しなければならない。そのなかで、殉教の持つ象徴的な意味は重要だった。第一次インティファーダでイスラエル兵に向かって石を投げた若者たちの姿は、主権国家の建設を目指すパレスチナ人が、それに反対しているイスラエルに勝つ可能性のあることを如実に示していた。第一次インティファーダでは、幾つかの点が並行して表面化した。まずはイスラエルの権力行使に対する反抗だが、それと同時にパレスチナの有力なファミリーが族長のようにふるまうことに対する反抗もあった。また、少なくともインティファーダの最初の段階で、女性解放運動の支持者から「女性も参加させろ」という要求が出た。しかし、この声はパレスチナ社会の混乱や家族制度の壁などが障害となり、かなり早い段階で消えていった。この問題に関しては、インティファーダの当初から、女性は意思決定の過程から排除されていたという事実もある。女性の自立を求める声に対しては、この問題をめぐって民族内で意見が分裂することを避けたいという考え方や、父親を家長とする伝統的な家族のイメージを崩すべきではないという意見が支配的だった。

第一次インティファーダは、パレスチナ人が民族としての誇りを取り戻す機会となった。さまざまな形で繰り返し屈辱を味わってきたパレスチナ人は、自分たち自身についても上向きのイメージを持つことができなかった。イスラエルによる領土の併合、イスラエルの圧倒的な軍事力や経済力、さらにはパレスチナよりも開かれたイスラエル社会を目の当たりに見て、この敵と肩を並べることのできない自分たちの姿に気落ちするのだった。第一次インティファーダは、こういった劣等感や恥辱感を克服する機会となった。それまでも、暴力的な衝突やテロ活動などがパレスチナ人の気持ちのはけ口になっていたことは間違いない。しかし、そのような反対運動で大きな成果を得ることはできなかった。

第二次インティファーダは、オスロ合意〔訳注　イスラエル政府とパレスチナ解放機構《ハラカト・アルタハリール・アルファラスティーニ》（ＰＬＯ）がノルウェーの首都オスロで秘密交渉を行い、一九九三年八月二十日、イスラエルはＰＬＯをパレスチナ自治政府として承認し、占領地域から暫定的に撤退するなどの点で合意に達した〕の失敗を機に始まった。この合意によって生まれた権力集団は、自分たち自身に認めたことを自分たち以外の人々には禁止するなど身内を優遇する政策を打ち出し、収益のあるビジネスを独占した。しかも、権力者集団のなかでも良心的ではない幹部などはイスラエル軍の下請けとなり、イスラエル軍に代わって〝仕事〟をした。それは、ハマスの活動家などファタハの主導権を脅かす人々の逮捕である。一般のパレスチナ人にとっては、第一次インティファーダが一段落してから第二次インティファーダが始まるまでの期間中、自分たちと直接かかわりのない平和がスタートし、自分たちの代表ではない政府が発足し、その政府の首脳陣はカネに目がなく放縦な生活をしているという異常な状態が続いた。その結果、経済も落ち込んだが、モラルの低下は特に顕著だった。祖先から受け継いできたパレスチナの地は、イスラエルの入植地によってズタズタに分断され、この地に夢見た民族国家の樹立構想は茶番劇と化してしまった。しかも、そこには見せかけの国家が腰を据えている。その政府の首脳たちの最大の関心事は、本当の意味で社会の中核を形成している人々の政治への参加を拒否し、自分たちの懐を豊かにすることだった。

イスラエルとパレスチナの間の緊張に加えて、パレスチナ指導部の体質にも問題があり、政治の力で解決への道を見出すことはできない状態が続いている。殉教者は、そういった状態からの突破口を求めて命を捨てる。パレスチナ自治政府には、パレスチナ人に市民権を保証する最低限の方策さえない。しかも、領土が細かく分割されているため、パレスチナ全域を単一の法律や政策で統治することなど不可能である。そのような状況下で民族意識を高めて統一国家を建設することなど非現実的な夢であって、実現には程遠い。これに対して、殉教者には、殉教者でなければ持てない民族意識がある。現実を見つめた証人としての役割を果たすことによって、殉教者は人々に民族意識を植え付ける。さらに、イスラムの旗印を掲げることによって、殉教者は人々にパレスチナが聖なる死に値する土地だということを明示する。

殉教という行為は、それが命の終わりではなく、死ぬことによって生を得るという逆の考え方を強調している。この死は、この世でパレスチナ国家を建設することはできないという思いと結び付いている。この思いは、第一次インティファーダから第二次インティファーダまでの間に一挙に強まった。第一次インティファーダの導火線となったのは、若者を動員すると同時に、パレスチナ社会のなかで古い殻に閉じこもっている権力構造を解体すれば、パレスチナ国家の建設は可能だという思いだった。一方、第二次インティファーダを特徴づけたのは、パレスチナ国家の建設は不可能だという悲観論の高まりだった。その結果、聖なる死――殉教――が、イスラム教徒に天国を約束すると同時に、イスラエル社会の一部を破壊することが可能な唯一の手段として注目されるようになった。言い換えれば、パレスチナ自体の政治的な行き詰まりが、殉教を含む過激な考え方を生む最大の原因だった。第一次インティファーダでは前面に出てこなかったパレスチナ人の幾つかの組織も、これを機に次第に表立って過激な活動をするようになった。

パレスチナの殉教者、イランの殉教者、アルジェリアの殉教者、あるいはエジプトの殉教者など、さまざまな地域における殉教の在り方の間に共通点があるとすれば、それは「強者に対する挑戦」だろう。例えば、パレスチナの殉教者の場合、まずイスラエルに対して「いかに強力な武器を持っていようとも、いかに強大な軍隊を展開する能力を有していようとも、われわれはイスラエルに瀕死の重傷を負わせることができる」ことを知らしめるという意味がある。次に、この挑戦には、イスラエルに対する〝外向き〟の面のほかにパレスチナ側に対する〝内向き〟の面もある。家族や友人たちに聖なる死を支持するよう働きかけることだ。殉教という立派な行為に感激した人々にとって、イスラムを国教とする母国のために身を犠牲にする身内の若者の考え方を簡単に退けることは難しい。挑戦の三つ目の相手はパレスチナ社会である。現世で否定された民族国家を、聖なる死によって初めて建設することができるからだ。挑戦の四つ目は、その聖なる側面である。殉教はイスラムの教えに合致している。それゆえ、殉教者の心は清められて、天国の座が予約される。言い換えるならば、殉教者として死ぬことは存在の終わりではなく、新たな存在への前奏曲なのだ。このように受け止めることによって、民族のために死ぬことの恐怖は和らげられる。最後に、挑戦は自分自身への問いかけという側面も持っている。死ぬのは自分という一人の人間だ。死の限界に挑むことによって、自分の願望に意味を持たせるのだ。

殉教は単一の志向性に基づいて実行されるわけではない。さまざまな証言や遺書などから、なぜパレスチナ人が聖なる死を選んだかを感じ取ることができる。しばしば引き合いに出されるのは、社会全体が気抜けした状態に陥っていて、そこでは経済不況の影響で人間としての尊厳さえも保つことができなくなっている。親兄弟や親友の死――殉教者として死んだ場合もイスラエル兵に立ち向かって死んだ場合もある――を機に、殉教者への道を選んだという例もある。また、家庭内の危機や品位を捨ててまで生きることへの拒否といった動機もある。殉教者の大多数は政治的な組織の傘下に入っているが、単独行動の殉教者もいる。彼らは特定の組織やグループとのつながりを持たず、自分だけの決断に従って死んでいく。

パレスチナの場合は、ユダヤ人の国イスラエルの建国という歴史の流れに巻き込まれた結果、特異の道を歩んできた。イスラエルの独立はパレスチナ人の心に深い傷を負わせた。そして、パレスチナ人の一部は亡命への道をたどらざるを得なくなった。一方、ユダヤ人はナチスによる大量虐殺という深い傷を負いながら立ち上がり、イスラエルを建国した。パレスチナ人もイスラエル人も、それぞれに自分たちが受けた傷の痛みに思いを致しながら歴史を解釈するようになり、話し合いを重ねて互いに相手の傷の痛みを理解しようとする動きは途絶えてしまった。イスラエル側はユダヤ人の出自を記した聖書を振りかざし、パレスチナの地に自分たちの国を建設して反対勢力を力で抑えつけた。パレスチナ側は自分たちの土地を略奪されたと受け止め、欧米――特にアメリカ――を味方に引き入れているとして敵イスラエルを非難している。

日常生活

パレスチナ社会で暴動が多発し過激な傾向が強まっている主な原因の一つに、経済的にも政治的にも軍事的にも――そして、象徴的にも――イスラエルの支配下にあるパレスチナ人の日常生活の実態がある。すべての面でパレスチナ人の生活水準は低いうえ、自分たちには何の決定権も与えられていない。パレスチナ社会は、かつてヨーロッパ諸国の帝国主義による植民地支配を受けた経験がある。しかし、そのころは植民者の優位を認めながらも直接の接触を避けて距離を置き、その一方で自分たちの地域社会内部の結びつきを強化して、植民者たちの影響力を最小限にとどめた。植民者たちの都会生活、生活様式、政治の動向、植民地の管理運営などに対して、現地人は現地のしきたりに従って日々の生活を自主的に営んだ。その結果、社会全体としてはヨーロッパ的な雰囲気を醸し出していたが、長い間に培われた現地の人々固有のアイデンティティーも失われることなく維持された。しかし、二代か三代前のパレスチナ人が植民地下で保っていた安定した日常生活も、今では消え去ってしまった。テレビは閉ざされていた小さな世界の枠を取り外して外の世界の動きを伝えた。情報伝達の進歩に伴って、すべての人間は平等だという近代的な概念も次第に浸透した。植民地時代には、征服された現地の人々は征服した植民者の優位を認め、植民地支配の合法性を受け入れていたが、時代が変わった今では、同じ考え方に基づいてイスラエルの優位を認めることなど不可能となった。現代という時代において、イスラエル人とパレスチナ人は人間として対等であり、その意味で双方の考え方は平等主義に基づいている。もちろん、どちらの側にも人種差別の意識があり、互いに自分のほうが優位に立っていると主張している。要するに、近代的な平等主義に浸った世界で暮らしていながら、社会的な関係や政治的な関係では力をバックとする新植民地主義が横行する。

パレスチナ人もイスラエルのテレビを見ることができる。パレスチナ人はパレスチナ自体のテレビよりもイスラエルのテレビのほうを好み、時にはチャンネルをイスラエルのテレビに回す。そして、政治的な議論が自由に交わされる番組やイスラエル社会の民主的な雰囲気を伝える番組を見てひそかに感心し、「身内優先主義や利益優遇主義、汚職、権威主義などに侵されている——と言われている——パレスチナ自治政府の周辺は、比べ物にもならない」と嘆く。パレスチナと同じアラブ圏でも人気があるのは、ニュースならカタールのテレビ「アルジャジーラ」であり、娯楽番組ならレバノンのテレビだ。イスラエルのテレビも役に立つので、しばしば視聴の対象となっている。

雑然としたパレスチナ社会では、イスラエル製の消費財も大いに活用されている。パレスチナでは、指導者層だけでなく一般大衆の間でも、自分たちを抑圧し自治権を認めようとしない国の製品をボイコットすべきだという気持ちが強い。しかし、このボイコット運動には限界がある。イスラエル製品の品質が優れているのに対して、アラブ諸国の製品や地元パレスチナの製品は品質が大幅に落ちるからだ。また、イスラエル製品を使うということは、象徴的な意味で「イスラエル人と自分たちは同等だ」と感じると同時に、イスラエル人が独占を叫んでいる世界に自分たちも参入して彼らの独占を打破し、彼らの生活様式を取り入れることによって平等を手に入れるという理屈を裏づけることになり、ここにも一定の限界が感じられる。

イスラエルに出稼ぎに行くことは次第に難しくなっているが、この出稼ぎも土地が隣接しているため生まれた現実である。イスラエルがパレスチナ人の移動を制限したり境界線上の検問所を次々に閉鎖したりしたため、出稼ぎ労働者の人数も次第に少なくなっている。有名な家柄やファタハと取引のある商人、一九九四年に当時のＰＬＯ議長ヤセル・アラファトと一緒にチュニスから来た「チュニスの連中」、亡命先のエジプトや北アフリカから戻ってきた「外国帰りのパレスチナ人」、あるいは地元パレスチナのマフィアに血のつながりかコネがないかぎり、パレスチナ内にとどまって自治政府に雇ってもらう以外に道はない。しかし、自治政府も生まれたばかりで足元が固まっていないうえ、給料は悪く、不愉快な仕事をさせられることも少なくない。パレスチナ警察の警官の月給は二四〇ドル相当だが、正規の許可を取得してイスラエルに出稼ぎに行けば、八〇〇米ドル相当から一四〇〇ドル相当の月収になる。しかし、境界線上の検問所が次々に閉鎖されたため、イスラエルへの出稼ぎは――不可能ではないとしても――極めて困難になっている。自爆攻撃に続く夜間外出禁止などのあと身分証明書の審査は厳しくなり、イスラエルへの出稼ぎだけでなく、パレスチナ領内での仕事も保証されなくなった。検問所が閉鎖されると、混乱するのはイスラエルに向かう車や人の移動だけでなく、パレスチナの他の地区に移動する人や車の流れも滞ってしまう。傷みやすい食料品は、イスラエル国内に確実な販路がないまま検問所で腐敗する。しかし、イスラエルとパレスチナの間で不安定な関係が続くかぎり、商取引の先行きは明るくない。そこで、両者の共存を陰で支えるために最後に登場するのが、イスラエル人相手の非公式の――「非合法の」と言い換えてもよい――商取引だ。それは、例えば盗難車の販売、麻薬の密輸、武器や酒類の密輸、不法送金などで、当局も見て見ぬふりをしている。

パレスチナの若者たちの反イスラエル活動が次第に激しさを増しているのに対して、イスラエル軍も若者たちを次々に逮捕し、締め付けを強化している。その影響は一般のパレスチナ人の生活にも及んでおり、誰しもが取るに足りない理由で逮捕される例が増えている。しかも、逮捕されてイスラエルの刑務所に送られたたパレスチナの若者たちは、同じように逮捕されて刑務所に入っている先輩たちに影響されて、ますます過激な思想を抱くようになる。パレスチナの若者たちが好戦的になっているとはいえ、それは必ずしも特定のイデオロギーに染まったからではなく、むしろ激しい怒りと屈辱感の表れである。逮捕や亡命、逃亡、不安定な日々の暮らし、さらにイスラエル軍に逮捕されないために頻繁に居所を変える必要性などが積み重なり、「もう、どうにでもなれ」という気持ちになる。そして、ついには不安感や恐怖感を消してしまう極端な行動に走ってしまう。

パレスチナの自治領は分断されており、イスラエル軍はパレスチナ人が一つの地域から他の地域に移動することや、パレスチナ自治領とイスラエルの間を行き来することを、さまざまな理由を設けて困難にしたり拒否したりしている。その結果、怒りと屈辱感は毎日の生活の出発点のようになっている。第二次インティファーダ以降、この非力感に人権無視と不公平な取り扱いに対する不満が上乗せされ、極端な行動——特に人間爆弾——を培養する土壌が形成された。パレスチナ人の男たちにとって、日々の生活は屈辱感を味わうための場だった。後退し続ける経済状況のなかで、男たちにとっては、普通に働いて家族の生活費を稼ぐことさえできなくなったうえ、強大なイスラエル軍の力を目の当たりにして自分たちの無力さを感じる毎日だった。さらに、パレスチナ人は、自分たちが自分たちの領土とされている地域内を移動することさえ、自分たち自身でコントロールできないのだ。公共の場所は屈辱を味わうためにある。名誉を回復することができるのは家庭のなかしかない。しかし、家庭では女性や子どもたちに厳しく当たってしまう。男女が平等でないことは、パレスチナ社会の文化遺産であり歴史的遺産でもある。このことは否定できない。しかし、家庭内で厳格なイスラムの生活様式に結び付けて名誉を維持することによって、外で受けた屈辱の埋め合わせをすることができる。ヤセル・アラファトと彼に率いられたファタハは、宗教と距離を置いた民族主義を掲げていたが、政権内部の腐敗や背任行為などが原因で、民族を統一することができなかった。これに対して、イスラムは、象徴的な名誉心を与えて、現実の生活で受けた屈辱感を帳消しにしてくれる。

日常生活は、殉教者の道に踏み入れるうえで重要な役割を演じている。日常生活は若者の期待に応えてくれない。日常生活は若者が過激化する場であり、若者が絶望する場でもある。若者たちがパレスチナ系の大学——ヨルダン川西岸地区のビルゼイト大学など——に通うために通らなければならない検問所、組織的に実施されるパレスチナ自治区の閉鎖など、何かにつけて目に入るイスラエル人入植者やイスラエル兵の姿は、パレスチナ人の心に重くのしかかっている。植民地時代のインドやアルジェリアでは、インドを植民地としていたイギリス人やアルジェリアを植民地としていたフランス人の姿を、大多数の人が一生に一度も見ることなく過ごすことができた。しかし、パレスチナでは至るところにイスラエル人の姿が出没しており、イスラエル人の姿を一生に一度も見ないなどということは可能性である。オスロ合意以降、多数の新しい道路が開通し、イスラエル軍の監視下に置かれた。これらの道路は、占領地——つまりパレスチナ自治区——にあるイスラエル人入植地の安全を確保するためで、入植地に隣接するパレスチナ人の所有地はイスラエル軍に占領され、パレスチナ人は利用することさえできなくなった。

パレスチナの失業率は極めて高く、ガザ地区では六〇%を超えている。そういった状況下で住民の間に最も簡単に広がるのは倦怠感だ。屈辱感とイスラエル軍の攻撃に対する不安（これとイスラエル人が人間爆弾に抱いている不安は、形は異なっても、ある意味で共通の感情ではなかろうか）、そして、日常生活がもたらす倦怠感。これらの数少ない選択肢のなかから、気持ちを和らげてくれる感情など探しても見つからない。イスラムの厳しい目が注がれているなかで、自由に愛を語ることなど考えられない。女性とは異なり、男性は人前で「まるで女のようだ」と後ろ指を指されてまで泣くことはできない。そのような場合、男は外出して友人を訪ね、トランプをしたり水キセルでたばこを吸ったりしながら、朝から晩まで時が過ぎるのを待つ。人間は熟睡することによって日々の悩みを忘れることができる。熟睡しないと、イスラエル軍の報復攻撃の悪夢と経済活動も社会活動も止まってしまって時間が動かなくなったパレスチナの間に挟まれて、息苦しくなるばかりだ。一人の若者が殉教したというニュースが飛び込んできて、時間の糸が途切れる。この攻撃で敵は退いた。しかし、報復攻撃の不安は却って増大した。テレビのニュースを見よう。アルジャジーラにチャンネルを合わせる。画面には、パレスチナの町に戦車が侵入してくる場面が映っている。アルジャジーラでなければ、レバノンのテレビでスペクタクル物を見てみよう。娯楽番組では、公序良俗に反する場面がぼかされている。

イスラエル国内に住んでいるパレスチナ人の日常生活は、もっと複雑だ。彼らは〝両者の間〟に挟まれて、極めて困難な舵取り作業を続けなければならない。彼らは「われわれはパレスチナ人だ」と思っている。しかし、彼らはイスラエル国籍を持っており、そのことに対しては彼ら自身も両面性を感じている。彼らが外国に旅行する場合、イスラエル国籍を示すパスポートはパレスチナ自治政府が発行したパスポートとは比較にならないほど便利であり、自由に旅行できる。しかも、兵役義務の免除や自治政府の支配地に住んではならないといった禁止事項を除いて、彼らにはイスラエル人としての公共サービスを受ける権利がある。それでも、彼らはパレスチナ領土に住んでいる兄弟姉妹に思いを致し、その苦しみや悩みを自分のことのように心に刻んでいる。もっとも、第二世代、第三世代、第四世代になるにつれて、生活態度や行動には違いが見えてくる。

暴力の悪循環

パレスチナ人が感じる屈辱の気持ちは、象徴的な範囲を大きく超えている。具体的な例を挙げたい。占領地では水の取り扱いが重要なカギになる。水資源の開発は不平等で、パレスチナ人は非常に不利な立場に置かれている[16]。穴だらけのグリュイエール・チーズのように、パレスチナ自治区内はユダヤ人入植地だらけで、その数は日に日に増えている。パレスチナの領域は三つに分断され、そのうちパレスチナ自治政府の管理下に置かれている「Aゾーン」は、ヨルダン川西岸地区の四％以下にとどまっているが、人口比では約二〇％だ。「Bゾーン」はヨルダン川西岸地区の二三％で、この地域にはパレスチナ人の村落の大多数が密集している。このゾーンの治安維持はイスラエル軍が担当しており、何かあれば介入する権利を与えられている。そして、残る「Cゾーン」はヨルダン川西岸地区の面積の七三％をカバーしているが、戦略的ゾーンとされ、パレスチナ人は住んでいない。このゾーンはイスラエルが管理している。このように細分化されたうえ、イスラエル側が地下資源を一方的に管理している状態では、実効性のあるパレスチナ国家の建設など——少なくとも入植地の問題を解決しないかぎり——絶対に不可能である。さらに、多くの場合、ユダヤ人入植地は丘の上に位置しており、入植者たちは欧米の中流階級の生活水準を維持しながら、パレスチナ人の村を見下ろしている。この高地と低地という位置関係は両者の間の歴然とした経済格差を如実に物語ると同時に、それを裏づけるかのように、支配する側と支配される側の関係を具体的に明示している。ただし、両者の間の経済格差は、高地の住民と低地の住民の格差ではなく、本来はイスラエルとパレスチナのどちらに属しているかに起因している格差なのだが……。いずれにせよ、イスラエル人にはパレスチナ人には認められていない権利が与えられている。その結果、パレスチナ人はアパルトヘイトに似た差別の対象となっている。[17]

　国家としての存在を拒否されているパレスチナの先兵なのか、それとも後述する国境を超えたイスラム共同体の先兵なのかはともかく、殉教者には共通の特徴が見られる。まず、殉教者の心にはユートピアがあることだ。ところが、現実の世にとどまっているかぎり、このユートピアは決して実現しない。それゆえ、ユートピアとそれに背を向ける現実との間に何らかの妥協点を見出さなければならない。

　国家という枠のなかのイスラム共同体は、二つの種類のユートピアと結び付いている。その一つは、あまりにも強大な敵と相対しているため、敵の反対を押し切ってまで民族国家を建設することは不可能だというのが殉教者の受け止め方で、その代表的な例はパレスチナである。もう一つは、すでに民族国家は存在しているものの、その政治制度や社会制度が殉教者の願望に合致していない場合で、その代表的な例はイスラム革命以前のイランであり、欧米の支援を受けたイラクに攻撃された革命後のイランでもある。それはまた、「イスラム救国戦線《フロン・イスラミック・デュ・サリュ》（ＦＩＳ）」が勝利を収めた選挙の結果を軍が踏みにじった一九九二年以降のアルジェリアでもある。

パレスチナの場合、互いに依存している三つのユートピアが殉教の礎となっている。その一つは、イスラエルが建国される以前にこの地に住んでいたパレスチナ人の全員帰国が実現することである。次に、エルサレムを首都とする新しいパレスチナ国家の建設が実現することである。そして、三つ目は、こういった願いが、パレスチナ人の捨て身の攻撃によって実現することである。イスラエル人――特に軍人と政治家――は交渉相手として全く信用できない。それゆえ、暴力的な手段に訴える以外に夢が現実になることはあり得ないからだ。ユダヤ人は人間としての取り扱いを受けずに虐待されたが、その結果、ヨーロッパの反ユダヤ主義者の言うような下等な存在ではなく、圧倒的な力を持つ非人間的な存在に変身した。こういった非難に対して、イスラエル人は三つのビジョンを例に挙げて反論する。その第一は大イスラエル構想である。占領地に次々に入植地を建設しているのも、この構想に基づいている。次に、パレスチナ問題はアメリカの援助を受けて軍事的に解決できるという構想である。第三は、ヨーロッパ諸国の植民地政策に倣って、パレスチナ人を――いや、もっと範囲を広げてアラブ人全体を――人間として取り扱わないことである。これは、かつて北アフリカのアラブ系諸国でユダヤ人社会が受けた取り扱いと大同小異であり、逆もまた真なりということでもある。

この大イスラエル構想の広がりは、イスラエル国家の存続に対するアメリカの支持や、その背後にあってシオニズム［訳注　パレスチナの地にユダヤ人国家を再建しようという主義］に共鳴するアメリカのプロテスタントの存在が物語っている。この人々は、大イスラエル構想を神に約束された土地［訳注　旧約聖書の創世記に《その日、神はアブラハムに言われた。「この地をあなたに与えよう。エジプトの川から大きな川エウフラテスまでの地を……」。》という趣旨の記述がある」を確保するだけだとして強く支持している。彼らにせよ、その他のシオニスト集団にせよ、大イスラエル構想の対象とされている全域を併合する根拠として、神話時代の言い伝えを持ち出すことが多い。しかし、この聖書の記述を重視する立場に立つと、エルサレムにあるイスラム教のアルアクサ・モスクを破壊して、その跡地にユダヤ教のソロモンの寺院を建てなければならないことになる。

イスラエル側が神に約束された土地を神聖視することと、パレスチナ側が死を神聖視することの間には、象徴的な意味でバランスが取れている。そして、そのことで問題が生じるたびに双方の反響は増幅される。どちら側にとっても、これは少数派が多数派に対抗して起こす行動だ。少数派の一方はユダヤ人の入植者とその支持者で、もう一方はパレスチナ人の殉教者と彼らを動かしている組織だが、どちらも象徴的なビジョンを持っており、社会全体を人質に取って行動する。これに対して、人質同然の立場に置かれた社会は、最前線に出て敵と戦う力が自分たちに欠けていることもあって、少数派の行動に共感を抱くようになる。

それゆえ、どちらの側にとっても、問題は永続的な平和を築くために自分たちの要求の一部分を断念することではない。現在の自分に重くのしかかって苦悩や恐怖心を増幅させる過去の――自分が不当な取り扱いを受けた――心象風景を、どのようにして払いのけるかが問題なのだ。パレスチナ人の殉教者は、イスラエルの民間人を道連れにして死んでいく。巻き添えになったイスラエル人は、パレスチナ人を標的にした暴力行為に直接かかわっていたわけではない。一方、イスラエル軍はパレスチナの民間人に対して実力行使に出るだけにとどまらず、集団的な懲罰を加える。それは、例えば家屋の破壊であり、イスラエル軍に脅されて雇われたパレスチナ人スパイの密告に基づいて、若者を拷問にかけたり懲罰を加えたりすることだ。こういったことが日常的に繰り返されており、それをストップさせる手立てはない。

パレスチナ人の殉教に象徴的な意味合いで相当するイスラエル側の行為は何か。パレスチナ人を抑圧するイスラエル軍の強大な力でも、パレスチナ人スパイを締め付けてパレスチナ指導部の動静を密告するように仕向ける能力でもない。パレスチナの地を植民地化することを聖なる行為と信じてパレスチナ領土の心臓部にユダヤ人入植地を建設し、後戻りすることのできない既成事実を積み上げよとするユダヤ人過激派のビジョンこそ、パレスチナ人の殉教に相当する。しかし、パレスチナ側にとってもイスラエル側にとっても、行き着く先は不可能という名の袋小路だ。

パレスチナ側では、もはや平常心で生活することが不可能となり、自主独立の日々を過ごす権利を否定している抑圧的な状況を打破する対策として、若さを犠牲にしてでも聖なる死への道に逃避するしかなくなった。一方、イスラエル側では、第一次インティファーダ以前の時期か第二次インティファーダ当時の人間爆弾かを問わず、パレスチナ人によるテロ行為はユダヤ人の間に極端なまでに過激な思想を植え付けた。そして、過激派は政府の支援を受けてパレスチナ領土内に新たな入植地を次々に建設し、入植地の守りを固めてパレスチナ人たちを威圧するようになった。このような入植地は、人間対人間の関係や領土争い、場所の奪い合い、さらには象徴的な意味も含めて、すべての点においてイスラエル側が優位に立っていることを示している。このことは、ユダヤ人入植者にとっては、神に約束された聖なる土地に入植したいという積極的な気持ちの表れであり、パレスチナ人にとっては、祖先から受け継いだ領土をだまし取ろうとするイスラエル人の身勝手な願望にすぎない。このように、単一の事象に対して真っ向から対立する二つの受け止め方があり、どちらも自分たちの行為に「聖なる」という形容語を添えている。ユダヤ人の入植は、聖なるビジョンの名のもとに、もともとユダヤ人の土地であるはずの地に対して行われている。それを裏づけるかのように、パレスチナ人が「ヨルダン川西岸地域」と呼ぶ地域を、ユダヤ人は旧約聖書の記述に基づいて「ユダヤ・サマリア」と呼んでいる。パレスチナ人の殉教者は、イスラムの聖地の一つであるパレスチナ――特にエルサレム――に根を下ろす権利をイスラム教徒から奪い取ろうとする敵を前にして、アラーの教えを守り抜くためのジハードに参加することこそ正当な行為と信じている。この二つの相反する考え方は互いに山びこのように反響して増幅し合っている。

第二次インティファーダが始まる前、パレスチナ自治政府は主流派のファタハの方針に従おうとしない若者たちを頻繁に投獄した。しかし、すでに人生の一部をイスラエルの刑務所で過ごした経験のある若者たちは、自分たちを守ってくれるはずの権力者に虐待されていると受け止め、深い失望感を抱くようになる。

この段階で、オスロ合意のあいまいさが浮き彫りになる。イスラエルにとって、この合意はユダヤ人の国イスラエルに対する暴力的な反抗を推し進めているパレスチナの過激派の動きを抑え込み、ヨルダン川西岸地区に建設したユダヤ人入植地の存在を認めさせたうえで、パレスチナとの共存を図るためのものだった。これに対して、パレスチナにとって、この合意はイスラエルがパレスチナ自治政府の存在を承認し、パレスチナ領土内からユダヤ人入植地を撤去し、国家機能を有する国を獲得し、イスラエルの支配を受けない社会を建設することだった。この目的を達成するために、パレスチナ人はイスラム原理主義者の運動を支援した。なぜならば、パレスチナ解放運動の主導権を握っていたPLOは、あまりにもイスラエルに対して低姿勢だったし、当時のPLO議長ヤセル・アラファトへの権力集中と組織全体の腐敗は目に余るものがあったからだ。

さまざまな要因が重なって、パレスチナで普通の生活することは非常に困難——いや、不可能——だった。しかも、一つの事柄について常に相反する見方がせめぎ合い、両者の立場の調整などもも現実には考えられなかった。人間関係はぎくしゃくし、自分自身に対してさえも自信が持てなくなった。ある日は楽観的《オプティミスト》であっても翌日は悲観的《ペシミスト》になるなど、まさに分裂病の症状を呈するようになる。あるパレスチナの小説家は、皮肉を込めて、この状態を悲楽観的《ペプティミスト》と呼んだ。悲劇の度が過ぎて涙も流れないような状態になると、薄気味悪いほど喜劇的な雰囲気に包まれる。どのようにすれば、この状態から抜け出せるのだろうか。一人が死ぬたびに、周囲の人々は過激な方向に進むようになる。そうなると、無分別な報復の応酬だけがイスラエルとパレスチナの関係を左右する冷酷な定めのように思われる

郵便はがき

料金受取人払郵便

新宿支店承認

7557

差出有効期間
平成23年8月
31日まで

160-8791

841

東京都新宿区新宿 1－4－13

株式会社 青灯社 行

書名

本書についてのご感想、ご意見をお聞かせ下さい。

ホームページなどで紹介させていただく場合があります。（諾・否）

お買い上げの書店名

市郡区　町　書店

お名前　　　　　　　　　　　　　　　　　　　　　　　　　年齢　　歳　　男・女

ご住所（〒　　　　　　　　　　）　　　TEL.

E-mail：

ご職業または学校名

ご購読の新聞・雑誌名

本誌を何でお知りになりましたか

1. 書店で見て　2. 人にすすめられて　3. 広告（紙誌名　　　　　　　）
4. 書評（紙誌名　　　　　　　　）　5. その他（　　　　　　　　　）

注 文 書

月　　日

書　　名	冊　　数
	冊
	冊
	冊
	冊

下記のいずれかに○をお付け下さい。

イ．下記書店へ送本して下さい。
（直接書店にお渡し下さい）
＊書店様へ＝取次番線印を押してください。

ロ．直接送本して下さい。
書籍代（送料は無料）は現品に同封の振替用紙でお支払い下さい。

＊お急ぎのご注文は下記までお申しつけ下さい。
電話 03･5368･6550
FAX 03･5368･6943
e-mail : info@seitosha-p.co.jp

www.seitosha-p.co.jp（小社書籍の詳細をご覧いただけます）

恐怖を乗り越えて

イスラエル国家が独立したあとのパレスチナ人の第一世代にとって、恐怖感はイスラエルとの関係の基点だった。パレスチナ人の地域社会は、イスラエル人との接触を避けることでパレスチナ人同士のきずなを強めた。また、そのころはエジプトのナセル大統領が掲げた汎アラブ主義《パンアラビズム》の旗の下に参集しようとするアラブ民族の勢いを感じ取り、パレスチナ人も偉大なるアラブ民族の一員だという誇りに燃えていた。その後も欧米諸国やイスラエルを口では非難しアラブ民族の団結を叫ぶ声は絶えなかったが、その声を信じるパレスチナ人はいなくなった。アラブ諸国の政府は、それぞれ自国の領内にいるパレスチナ人を吸収するどころか、事あるごとにパレスチナ人の運動を抑圧しようとした。そのような状況下にあって、パレスチナ人――特に戦前を知る高年齢層――は、イスラエル軍を欧米に後押しされた植民地政策の推進役と受け止め、この軍隊に勝つことは不可能だという思いに沈んだ。その一方で、この敗北感は数多くのパレスチナ人が欧米各地に離散して欧米文化に溶け込むにつれて後退し、若者の意識の近代化と相まってイスラエル軍は無敵だという恐怖感も薄れていった。

パレスチナの若者たちは青年期を迎えると同時に戦争体験を味わったうえ、親の言いなりにはならなくなっていた。それは、慎み深さを表すベールが取り払われたような感じだった。埃《ほこり》だらけの道路で重武装をしたイスラエル兵に立ち向かう。イスラエル兵は実弾を発射することもある。これに対して、若者たちは、イスラエル兵がマシンガンの一斉射撃で反撃に出てくるのを予想しながら石を投げて抵抗する。パレスチナ人の目に映る人生は、イスラエル人や欧米諸国の人々とは異なる意味合いを持っている。人生の設計図も、おのずから異なってくる。一九九〇年代に入ってからの生活水準の恒常的な落ち込みは、個人が描く自分の将来像にも暗い影を投げかけている。この暗雲から逃れるためには、生まれ育った国を離れる以外に道はない。しかし、それができるのは少数の人々に限られている。[18] 将来計画の欠如、地元の地域社会で独り立ちすることの難しさ、若者に及ぼす両親や年上の家族の影響力の低下などに加えて、パレスチナ領内の至る所でイスラエル軍の姿を目の当たりにして感じる耐えがたい屈辱……。

イスラエル軍に立ち向かうパレスチナの若者の姿は、古代のイスラエルの英雄ダビデ［訳注 古代イスラエル王国の王で、古代パレスチナの巨人戦士ゴリアテを殺した］にも例えられる。自分自身の恐怖心を抑えるだけでなく、自分よりも強い相手に恐怖心を植え付けなければならない。この場合、戦いの成り行きによっては殉教を覚悟しなければならない。世界でも最先端を行く武器を装備したイスラエル軍に対して、パレスチナの若者たちは安上がりの爆発物を手にして戦う。その材料は三つの原子から成る過酸化物で、爆発物として極めて信頼性に欠けており、ハマスの陣営で暴発したときには、十数人の若者が死亡した。

実は、ある種の恐怖心がパレスチナ人に付きまとっている。イスラエルのスパイだと名指しされることだ。これは大変な恥辱であり、相手を殺す以外に疑いを晴らす手立てはない。イスラエル情報機関の情報提供者になることは、何人ものパレスチナ人がイスラエルの手先として働かされることを意味するが、その人々にとっては絶望的な経済状況のなかで収入の道を確保する手立てでもある。しかし、その実態はイスラエル側に雇われた本人を特定しなければ判明しない。しかし、特定された「情報提供者」は殺されるか村八分にされる。それゆえ、本人としては絶対に正体を現してはならない。この「正体を現してはならない」という恐怖心の行く先には殉教がある。つまり、命と引き換えに自分が「愛国者」であることを示すのだ。

分裂病者の表向きの姿は周囲の状況によって変わる。自己否定を叫んでハマスやイスラム・ジハードといった過激派組織に参加し、殉教者として死にたいという人々もいる。彼らは身内の人たちに崇拝されるうえ、大多数のパレスチナ人からも「英雄的な行為だ」として尊敬される。一九八九年一一月にベルリンの壁が崩壊するまでの冷戦時代、パレスチナ人はソ連東欧圏諸国から――少なくとも理論的に――共感を与えられていたうえ、アメリカも無条件でイスラエルを支持することはしなかった。しかし、冷戦時代の終了とともに国際情勢は大きく変化し、イスラエルに有利な方向に動いた。アメリカを先兵とする欧米諸国の新たな偏見と不公平な姿勢は、パレスチナ人を失望させた。そういった状況下で殉教する人々は、パレスチナ人全体の思いを代表して、民族としての尊厳の回復を訴えているように思われる。

ところが、この自己否定の論理やパレスチナの正義という大義名分とは別に、それとは異なる――しかも、それとは正反対の――第二の論理が並立している。それはエゴイズムであり、狂信的な分裂行動である。どの殉教者も自分自身と自分の家族や親しい人々、あるいはパレスチナ自治政府の高官たちやパレスチナ警察などに人脈を持っている地元の商人など、自分とつながっている限られた人々だけを念頭に置いて行動する。好むと好まざるとにかかわらず、誰しもが腐敗した政治や経済の仕組みに加担せざるを得ない。その結果、人々は互いに疑心暗鬼になり、貧しい人々は以前よりも貧しさを増し、ますます弱い立場に置かれるようになる。ハマスがパレスチナの一般大衆の人気を集めているのは、生活支援のネットワークを広げて貧しい人々にも手を差し伸べているからだ。

第一次インティファーダが終わってから第二次インティファーダが始まるまでの間に、さらに新たな要素が加わった。イスラエル側から見ると、パレスチナ自治政府はテロ活動の抑え込みに積極的ではなかった。パレスチナ側から見ると、一九九三年にオスロ合意が成立してから第二次インティファーダが始まるまでの間にパレスチナ自治政府はイスラエルの手先となり、パレスチナの一般大衆への締め付けを強めた。これに対する大衆の受け止め方は厳しく、自治政府の治安部隊はパレスチナ人の日常生活に介入し、逮捕したり拷問を加えたりして、イスラエル軍の肩代わりをして汚い仕事を引き受けていると非難した。

一方、イスラエル側の受け止め方も厳しく、パレスチナ自治政府は治安維持に熱心ではないどころか、むしろ自治政府の傘の下でテロ活動が活発化していると非難した。自治政府発足当時の熱気は次第に冷え込み、自治領の経済は落ち込み、大衆の生活水準も日に日に悪化した。そんな状況下で始まった第二次インティファーダは、イスラエルの覇権主義に対する抗議行動であると同時に、新しい世代に政治を明け渡して社会を立て直すべきだという要求を自治政府に伝えるための間接的な抗議行動でもあった。これに対して自治政府は締め付けを緩め、治安対策をイスラエル側に一任してしまった。これを機に、パレスチナ社会の内部における、官と民との気まずい関係が一挙に明るみに出た。

殉教者とその体験

人間爆弾の大多数はハマスに所属し、残りの一部がジハードに所属していた。また、PLOから枝葉に分かれた組織につながっている者もいた。ハマスはイスラム原理主義者のグループで、本来は教育や文化などが主な活動分野だった。しかし、下部組織の「イッゼディン・カッサム旅団」は、もとをただせばイスラエルがPLOの活動家に対抗できるイスラム教徒を育成しようとしてひそかに肩入れした武装集団だった。

一九九三年四月から一九九八年一〇月までの間に、イスラエルに対して二二回のテロ攻撃が行われた。この一連のテロ攻撃の四分の三の中心人物は、難民キャンプの居住者か、あるいはイスラエルが独立した一九四八年に難を逃れて国外に亡命したパレスチナ人の息子か孫だった。

人間爆弾を志すのは貧困層の出身者ばかりではない。ただ、彼らを特徴づけるのは、受けた教育と社会に出てからの仕事の格差が大きいことだ。パレスチナ経済がイスラエル経済に大きく依存していることが、この格差を増大している。なかなか資格に見合う仕事に就けない。イスラエル人やテロの疑いのない外国人が優先的に採用されるからだ。第二次インティファーダが始まる以前、テロ攻撃の主役が既婚の男性だったのは二件しかなかった。その一つの実行犯ハデル・ゲイマトはイスラエルで働いていた。もう一つの実行犯アンワル・スカルは、ジハードのメンバーでガザ地区の住民だったが、イスラエルの刑務所で一一カ月を過ごしたあと、パレスチナの刑務所で一カ月を過ごした。他の人間爆弾は一七歳から二七歳の独身の若者で、家族の生活費を稼ぐといった立場にはなかった。

イスラエルの治安関係者によると、一九九三年から二〇〇〇年までの間に、パレスチナ人によるテロ攻撃は四二件あったが、二〇〇一年一月から二〇〇二年四月五日までの間に六四件に増えたという。この増加の理由としては、イスラエルのシャロン政権による対パレスチナ抑圧政策の強化や、パレスチナ自治政府がシャロン政権に「もはや協力者としての価値なし」と見捨てられたことなどがあるが、それ以外にもパレスチナの若者たちの間で殉教者を見習えという風潮が高まってきたことなども挙げられる、この点で非常に注目を浴びたのは女性の参加だった。気がついた段階で、すでに三人の女性殉教者がいた。人間爆弾は、パレスチナ人の代表としての正当性を失った自治政府に代わるパレスチナ社会の代表としての行動だった。自治政府の存在価値は、イスラエルの対パレスチナ抑圧政策を防ぐための障壁として機能することであって、パレスチナの一般大衆がPLOを支持しているからではない。

第二次インティファーダは複雑で、その横顔を描き出すのは容易ではない。あらゆる地域、あらゆる階層、あらゆる年齢層のパレスチナ人が参加した。ある分析によると、自爆攻撃に参加した約一五〇人のうち、自殺しそうな人など一人もいないという。殉教者を直接知っている人たちの話によれば、殉教者のなかに読み書きのできない者や極貧に泣く者はいなかったし、いわゆる鬱《うつ》の者もいなかったという。また、インティファーダに参加するまでは、しかるべき報酬が得られる職に就いていた中流階級の出身者も多いという。失業率が極めて高いガザ地区で定職に就いていた人もいるという。彼らは真面目なイスラム教徒で、ほとんど全員があごひげを伸ばしていた。要するに、この時期の殉教者の出自は多岐にわたっていた。

人間爆弾の志願者は、その大多数がハマスかジハードに入っていた。そして彼らは、自分の死後、組織が――多くの場合、サウジアラビアの援助を受けて――あとに残された家族の世話をしてくれることを知っている。ハマスの活動資金の大部分は、各地に離散したパレスチナ人や湾岸周辺のアラブ諸国から提供されている。イランも年間二〇〇〇万ドルから三〇〇〇万ドルに達する金額を提供している。二〇〇一年一一月、アメリカのブッシュ政権はハマスをテロ・グループのリストに加え、翌一二月にはホーリーランド財団の資産を没収した。この財団はアメリカ最大のイスラム系の慈善団体で、ハマスに活動資金を提供しているとして非難の的になっていた。

それにしても、ハマスやジハードのような組織は、どのようにしてパレスチナ社会の若者たちに強い連帯感を植え付けることができたのだろうか。地域社会の既存のきずなを利用したのだろうか。それとも新しい何かを考え出したのだろうか。もちろん、地域住民としての結びつきや血縁関係のある一族の結束などが、連帯感を生む大きな要因になっていることは否定できない。しかし、イスラエルによる厳しい占領政策に加えて、パレスチナ自治政府の権威主義や利益優先主義が、この新しい連帯感を生む土壌になっていることは間違いない。この連帯感は、長期間にわたって第一次インティファーダという戦争に準じる状態を経験し、さらに一九九三年のオスロ合意以降の「非平和」の時機を経験し、そして最後に二〇〇〇年一〇月以降の第二次インティファーダという本当の意味での戦争を経験した社会の申し子なのだ。

個人として決断

ハマスやジハードは将来の殉教候補者を抱えているが、実際に殉教者の道に踏み出すかどうかは本人の申し出によるものであって、組織のほうから殉教を強要することはない。パレスチナ人の感情が高まった時期——特に第二次インティファーダのころ——には、殉教志願者の人数が必要な人数を大幅に上回った。殉教者たちは、遺書やビデオカセットなどでも、殉教を選んだのは自分自身の決断だったことに触れることが多い。アンワル・スカルは言っている。「この世では殉教者になる道を選びました。これは、僕自身がアラーのお気持ちに沿って決めたことです。アラーが僕に殉教の機会を与えてくれることを願っています」と。ここに、かつての犠牲となって命を捨てる殉教と近代的な殉教との違いがある。近代的な殉教では、個人の自我が大きな要素になっている。メキシコで栄えた古代アステカ文化の時代には、犠牲として心身を神にささげる者に麻薬を飲ませて同意を取り付けるなど、すべては荘厳な儀式として行われた。しかし、現在の殉教は異なっている。ハマスやジハードが殉教志願者の心の動きを巧みに先導することを無視すべきではないが、それは殉教者自身が決心したあとでのことだ。パレスチナ社会の近代性を理解するうえで、このことは極めて重要である。大多数の殉教志願者は、家族や地域社会に推されて殉教者になったわけではない。それどころか、家族や地域社会の人々の反対を押し切って選んだ道であって、あくまでも個人による意思決定なのだ。この個人化の傾向を、民族国家建設の願望と切り離すことはできない。なぜ聖なる死の信奉者は死への道を選ぶのか。パレスチナ人の場合、主権国家を構成する民族の一員になりたいという願望は、現世では実現することができないからである。

殉教者の「死にたい」という気持ちと「敵を殺したい」という気持ちを支えているのは、敵に対して抱く限りない憎しみと戦争に対して抱く「このままでは決して終わらない」という気持ちである。将来への道は閉ざされている。地域住民の一人としての過去の記憶が未来への絶望感と重なって、生きる望みが失われる。第一次インティファーダに参加した人々は、当時を黄金時代として記憶している。彼らは状況が改善されることを信じ、独立が実現することを信じ、民族の尊厳を取り戻す日が近いことを信じて戦った。しかし、長期間にわたるイスラエルとの消耗戦の結果、すべてが不可能になってしまった。殉教は明るい将来を約束する礎のはずだった。しかし、現時点では、殉教と明るい将来の間に何のつながりも感じられない。殉教は、すべての面で圧倒的な優位を維持しているイスラエル社会に対して与える一撃にすぎない。パレスチナ人にとって、死はイスラエルの支配から逃れる唯一の方法なのだ。

パレスチナの殉教者が果たす役割は、それだけではない。彼らの日常生活を特徴づけているのは闇商売であり、彼ら自身が「汚いことだ」と顔をしかめている。闇市場、密輸品の売買、さらには敵の情報機関の手先になるという不名誉な行為など、枚挙にいとまがない。このような一連の内向きの下劣な行為は宗教的には「罪」と見なされ、立ち止まって考えるたびに袋小路の奥に閉じ込められたような閉塞感に襲われる。しかも、そこから一時間も離れていないところにはイスラエルがあり、レバノンがあり、あるいは周辺のアラブ諸国に離散したパレスチナ人の社会があり、それぞれ血縁や友情で結ばれて、パレスチナ国内の同胞たちよりも裕福に明るい日々を過ごしている。一方、殉教者は命を捨てることによって精神的に清められ、天国の門を開いてくれた死を直視することによって「罪」を消し去ることができる。現世で立身出世をしたい、近代的な消費者中心社会に仲間入りしたい、自分自身の存在を再確認したいといった個人的な希望は、アラーの教えと一体化したいという熱情に席を譲ってしまう。

ひとたび神への誓いを立てて組織の傘下に入った殉教志願者は、この世では半ば死んでいる存在として取り扱われる。彼は間もなく出発する。残された時間を、彼は解放の瞬間を待つような気持で過ごしている。彼の心に何か疑念が生じた場合は組織に所属する専門家が彼を力づけ、いったん決めた道の途中で立ち止まらないよう説得する。この段階に到達すると殉教志願者は「生きている殉教者」[19]となり、コーランを読み、必要以上に断食をしたり祈りの言葉を唱えたりする。

この段階で殉教志願者は普通の日常生活に愛着を覚え、聖なる死への道を選んだ決意を取り消す可能性もある。その意味では極めて重要な段階である。組織としては、日常生活のほうを振り向いた殉教志願者の気持ちを断ち切らなければならない。組織は専門家を総動員して、先輩たちの崇高な殉教の例を挙げて説得に当たる。それは預言者ムハンマドを取り巻く人々の例でもよいし、もっと最近の殉教者の例でもよい。最近の例を挙げて、「先輩の殉教者たちが、天国への入り口の手前にある天上界で温かく迎えてくれる」ことを教える。

爆発物を抱きかかえた殉教者の身体は、無数の断片となって飛び散ってしまう。それは、入植地によって細かく分断されたパレスチナの国土を象徴している。聖なる死を遂げた者は、自分の身体を無数の断片にまき散らすことによって、殉教者として再び一つに合体する。この世における彼の人生を表す身体——今や細分された身体——を捨てることによって、彼は罪を洗い落とし、この世では手に入らなかった身分、存在、崇高な意義——要するに、この世の主権国家では具現することができなかった自分という個人——を確立させることが可能になるのだ。爆発と同時に、彼はイスラエル人を巻き添えにし、パレスチナに与えた仕打ちの仕返しをする。身体が飛び散るような爆発に身をささげることによって、殉教者は霊魂になり、この世の生活に付随する事柄を放棄してしまう。

イスラエル人にしてみれば、このような非人間的な恐ろしい死はパレスチナ人をさらに非人間的にするとしか思えない。正統派のユダヤ教徒にとって、この種の死が与える恐ろしさは計り知れない。正統派のユダヤ教では、人間の身体は無傷のまま神に引き渡さなければならないとされている。公共の場で爆発物が破裂し、老人や幼い女の子などパレスチナ人に対する弾圧にかかわりのない人々の体がパラパラになった場合、飛び散った部分を完全に集めることは困難——いや、ほとんど不可能——であり、五体満足な形で埋葬することはできない。熱心な正統派のユダヤ教徒にとって、このことは伝統を守れないという大きな問題であると同時に、このような不当な形で自分の愛する人々の命が奪われたという悲しみと、自分の信じる宗教が深手を負ったという苦しみを同時に味わうことになる。それゆえ、この人々から見ると、非人間的な行動に走るパレスチナ人を人間として取り扱う必要はない[20]。取り押さえた爆発事件の犯人の取り調べが暴力的であろうと、それは当然であり、正当化される。パレスチナ人は信用できない。パレスチナ人に対して効果のある対処法があるとすれば、それは抑圧政策の強化であり、必要なら占領地から追放することだ。

家族や周囲の人々との関係

熱心なイスラム教徒にとって、殉教は家族と和解するチャンスでもある。パレスチナ人の家庭は、近代化に立ち遅れたことで緊張感に覆われている。何か問題が生じると家庭に持ち込まれ、世代間の言い争いになる。それも父親と息子の間だけでなく、しばしば家族全員にまで波及する。殉教は、そのような家庭内の騒ぎに終止符を打つ機会になる。遺書のなかで、殉教志願者は家族の一人ひとりに対して礼節を欠いたことをわびている。また、殉教者の遺族は、この世ではハマスやジハードなどのイスラム原理主義組織やサウジアラビアなどから支援を受けるほか、あの世でも功績に応じた優遇措置を受けることになる。殉教者を身内から出すことによって、家族は——現世では十分でなくても——来世で完全に貧困から脱することができる。身内の一人が聖なる死を遂げたおかげで、家族はアラーに近い優先席を与えられる。しかも、息子が聖なる目的達成のために死んだということで、あの世で家族は敬意の対象となり、丁重に取り扱われる。この世では無視され軽んじられても、あの世に行けば状況は逆転する。殉教者自身はもちろん、親類縁者も何らかの利益にあずかることができる。

殉教という行動は、何もイスラエルだけを標的にしているわけではない。相手はパレスチナ人でもある。生きているかぎり、殉教志願者など一顧の価値もない。彼らは単なる人間の出来損ないなのだ。生きているかぎり、彼らを無視しようとするイスラエルにとっては取るに足りない存在であり、ハマスやジハードといった組織に役立ちたいという彼らの熱意に手を焼いているパレスチナ自治政府にとっても、できるかぎり無視したい存在であることは間違いない。

追い詰められた袋小路から逃れ出る道は何か。それは栄光に満ちた死への道しかない。その死は敵に対する勝利を象徴する行為として地域住民の間で祝われ、戦闘服を着た殉教者の写真入りのポスターが街頭に掲げられる。そして、死んで初めて周囲の人々に「彼は例外的な人物だった」と称賛される。イスラエルでも話題になり、さらには世界各地で話の種になる。パレスチナでは、人生の大部分を死と接すること――あるいは死を間近に見ること――に費やしてしまう。しかし、それが日常であり、そのような緊張状態に精神的にも耐えなければならない。この点で、ガザ地区の例は代表的である。ガザ地区は長さ四五キロ、幅一〇キロの細長い回廊で、一平方キロに一万八〇〇〇人が住んでいる。イスラエルがガザ地区からヨルダン川西岸地区やイスラエル国内への移動を制限しているため、住民の八〇％はガザ地区を離れることができない。ガザ地区の若者にとって、死ぬことは、狭い地域に閉じ込められて経済的にも孤立化している息苦しい状態から抜け出す栄光に満ちた行為にほかならない。この地区で耐えがたいのは、何も日常的に目に入る民族屈辱の光景だけではない。狭い土地に人口が密集し、生きていくこと自体を限りなく不可能にしている。そういった締め付けられるような思いこそが耐えがたいのだ。

世の終わりを告げる殉教のイメージ

殉教の論理を突き進めていくと、最後は黙示録的な——つまり、世の終わりを告げるような——イメージに到達する。パレスチナ人のなかには「人間は聖なる死を胸に抱き締めながら現世を去っていく。この世は終わりに近づいており、人類滅亡の時期が迫っている」と考える人も少なくない。一部のユダヤ教徒やシオニズムを支持する一部のキリスト教徒も、同じようなイメージを抱いている。この人々にとっては、聖書に記されている預言に従って、できるだけ早く救世主を迎えるために、それにふさわしい場所を準備することを意味している。

シオニズムを支持するアメリカのプロテスタントにとっては、歴史上の幾つかの事実が聖書の記述を裏づけており、世界の終わりが近いことを示しているという。彼らにとって、イスラエルの建国は、キリスト——つまり救世主——の再来を示す一つの前兆なのだ。イスラエルとパレスチナの和平は、神が約束してくれた救世主の到来を遅らせることになる。さらに、エルサレムは、聖書に書かれている宗教的な理由によって、その全体がイスラエルの保護下に置かれなければならない。イスラエルは祝福されるべきである。イスラエルを祝福する人々に幸あれ。イスラエルを呪《のろ》う人々に呪いあれ。アラブ人——そして、特にパレスチナ人——は不信心者であり、ゴグとマゴクの集団［訳注　悪魔に惑わされて神の国に敵対した最後の二つの国家］を形成している。さらに、キリスト再来の日に建設される平和の王国も、遠からず実現するにちがいない。しかし、そのためには、世の終わりを告げるハルマゲドンの決戦で異教徒を打ち倒さなければならない。

レバノンの場合――殉教と愚かな死

イランの場合は、調和に満ちたイスラム社会のユートピア建設という夢が、厳しい現実に裏切られて実現しないままになっている。パレスチナの場合は、自分たちの国を建設したいという願望が真っ向から否定された。レバノンの場合は、もっと複雑な事情が絡んでいる。一つには、イスラム教徒の居住地域とキリスト教徒の居住地域が複雑なモザイク模様のように併存し、レバノンという国家が創設されて以来、この社会を両者が共同で統治してきたことがある。このような多宗教型の国が内蔵する危機が表面化して内戦状態に陥ったのに加えて、国境を接するイスラエルによるレバノン侵攻も重なり、この国の状況は大きく変わって殉教が一挙に増加した。しかし、イランやパレスチナでは、誰が敵かという点で国民の間にコンセンサスがあったのに対して、レバノンでは敵が細かく枝分かれをしており、誰が敵かというコンセンサスはない。例えば、多数のキリスト教徒は、イランとシリアの支持を得ていたシーア派イスラム教徒や〝招かれざる客〟パレスチナ難民などから、レバノン国家の分裂崩壊の脅威を感じていたが、イスラエル軍がレバノン領内に入ってきたことによって、この危機は回避することができた。一方、レバノンのイスラム教徒の立場から見ると、イスラエル軍はレバノンの領土を占領したうえ、イスラエルが直接支援してレバノンのキリスト教徒による民兵隊を組織した、この民兵組織こそ最大の敵だった。

　レバノンの内戦は、この国が危機的な状況に陥っていたなかで広がった、一九五七年から八〇年代の終わりまで国内では混乱状態が続いた。イスラエル軍が国境沿いの南部を占領し、現地のキリスト教徒による親イスラエルの民兵隊を組織して支援し、首都ベイルートはキリスト教徒地区とイスラム教徒地区に二分された。それぞれの地域社会は自分たちの殻に閉じこもり、互いに反目して衝突を繰り返した。その結果、争いの犠牲になって無意味な死が急激に増えた。これに対して、周辺の国々——シリア、サウジアラビア、イラン、イスラエル、リビア——それにアメリカやソ連などがレバノンの内戦に介入し、一国の内戦を長期的な地域紛争に変えてしまった。そして、現地の民兵組織などを媒介役として影響力の拡大を図った。理想も国の将来像も持たない武装集団が、次第に存在感を増していった。

　大量虐殺が行われ、武装集団が結成、連携、反目、解散を繰り返し、その一方では以前には存在しなかった貧民や難民の強制収容所も生まれた。イスラム教徒が住民の大多数を占める西ベイルートとキリスト教徒が住民の大多数を占める東ベイルートは一二年間にわたって分断され、その中間を「緑の線《グリーンライン》」と呼ばれる境界線が走っていた。この線を越えようとする者は狙撃手に射殺された。

　このような事態が続いていたころは各地域で武装集団が離合集散を繰り返し、社会不安は増大する一方だった。ベイルート市民は日常生活を取り巻く危険を感じて戦々恐々としていた。散歩することもできないし、買い物に出かけることもできない。そもそも出歩くこと自体が危険だった。敵は四方八方にいた。まさに一寸先は闇だ。事態の変化を感じとる暇もなく、一瞬にして周囲の様子が変わる。一九七五年から一九八三年までに、レバノン国内で一万六七八〇回の爆発事件が発生した。爆発物は一キロから一・五トンまであり、犠牲者の数は四〇〇〇人に達した。ラジオは大きな役割を果たした。しばしば新聞の発行は混乱したが、カターイブ〔訳注　アラビア語で「大隊」を意味しているが、英語やフランス語風に「ファランジスト党」と呼ばれることも多い。レバノンのマロン派キリスト教徒の政党で、配下に民兵組織を抱えている〕が運営する「レバノンの声」やキリスト教徒の民兵組織が運営する「自由レバノンの声」、西ベイルートのスンニ派イスラム教徒が運営する「母国の声」、レバノン山のドルーズ族が運営する「山の声」といったラジオ局は、戦局の動きや危険区域に関する情報を流し続けた。

イスラエルが独立国となった一九四八年以降、大量のパレスチナ難民がベイルート内外にあふれた。市の東部や南東部、南部などの郊外には貧民街が生まれ、市の周囲を貧困という名のベルトで取り囲むような結果となった。これらの貧民街に住みついたのは、大多数のパレスチナ人と、レバノン南部から戦火を逃れてきたシーア派イスラム教徒のレバノン人、シリア人、それにクルド人となっていた。その内訳は、パレスチナ人が六三・五％、シーア派レバノン人が一六・五％、シリア人が一三・二％、クルド人が六・八％だった。貧民街では住民の間にライバル関係が持ち上がって争いが絶えなかった。しかも、一方が攻撃を仕掛けると相手側も報復攻撃を行い、それに再び報復するという事態が繰り返された。一部には戦闘要員を動員して紛争に介入し、謝礼の多いほうに味方をするという動きまで見られた。

地域住民の日々の争いに介入者として登場したのは、狙撃手と民兵と殉教者だった。

狙撃手

住民にとって、狙撃手は悪夢のような存在だった。狙撃手に狙われたら、ヘビににらまれたカエルのように絶対に逃げることはできないという強迫観念が街には浸透していた。照準器付きのライフル銃と弾薬ケースを持ち、いすに腰掛けて獲物を待つ。最初の一発で、標的の七五％は致命傷を受ける。一人の狙撃手が一日に平均一〇人を射殺する。狙撃の有効距離は二〇〇メートルから五〇〇メートルで、成功率は極めて高い。狙撃手は独立した存在ではなく、組織のリーダーのために働いている。一般的に、狙撃手は組織の規律を守っており、リーダーも狙撃手の活動や配置された位置などを熟知している。狙撃手には信奉しているイデオロギーなどなく、最も高い報酬を支払ってくれる組織に自分を売り込むのが普通だ。狙撃手としては、動物であろうと人間であろうと動くものは射殺する。狙撃手の役割は、ベイルートの西と東の行き来を完全遮断し、イスラム教徒の住む地区とキリスト教徒の住む地区の間に絶対に越えられない境界線を引くことだった。

民兵

この時期を通じて、死を〝普及〟させた別の存在がある。民兵だ。民兵は人質を取ったり、持ち主の宗教を明記してある身分証明書を見て殺したりすることに精を出した。この行為はカターイブが組織的に実施した。「暗黒の土曜日」として記憶に残っている一九七五年一二月六日、二〇〇人近くのイスラム教徒が射殺された。民兵たちは人を誘拐して殺害した。まず人を連れ去り、裁判に掛けてイスラム教徒かどうかを告白させ、その内容によって刑を執行した。一九八二年九月以降は、ベイルート郊外サブラシャティラのパレスチナ難民キャンプでの大量虐殺やイスラエル軍撤退のあと、レバノン正規軍は西ベイルートの治安を維持することができなかった。一九八四年二月になると、レバノン正規軍はシーア派イスラム教徒の民兵組織「アマル」に追い出されてしまった。それ以降、レバノン軍［訳注　レバノン正規軍とは異なり、反シリアを旗印に掲げるキリスト教各派を中心に結成された民兵組織で、約三万の兵力を擁した］をはじめとする幾つかの民兵組織が、治安維持を名目として反対派の大量逮捕に乗り出した。

ここでは、二種類の死が見られた。一つは演劇化され、荘厳で、マスメディアも大々的に広報してくれる。もう一つは秘密裏に進行し、刑が執行された日付も正確な場所も知られていない。前者の場合、容疑者たちは——時には鎖で縛られ、むごい取り扱いを受けながら、車につながれて——街を引き回された。見物人たちは拍手し、侮辱の言葉を浴びせたり叫んだり、時には容疑者を殴ったりもした。遺体は焼かれ、道端に放置された。殺すほうは単に受刑者を殺すだけでは満足せず、殺す前に侮辱し、拷問にかけ、最後に受刑者の死をゆっくり味わう。それは、相手の存在を破壊することによって自分の存在を確認することである。だからこそ、犠牲者が死ぬまでの過程を何段階にも細分し、死に先だって各段階を心行くまで味わうのだ。懲罰は恐怖の絶頂で、犠牲者の遺体は民兵の個人的な所有物になる。これほど恐ろしい懲罰は類がない。犠牲者の存在を破壊することは、その人の社会的な存在価値や精神的な存在価値を抹殺するだけにとどまらず、その人の宗教も絶対悪の根源と決めつけて抹殺することを意味している。

逮捕された相手を〝占有物〟にすることで、逮捕したほうは自分の存在に自信を持つようになり、相手の生死にかかわらず、その相手に及ぼす自分の権力が無限であることに幸福感を覚える。そして、一人を殺すと、さらに誰かを殺したくなる[21]。

この人質逮捕や裁判抜きの死刑宣告、拷問、殺人、時には大量虐殺という流れのなかで、災難を逃れて生き延びた人もいる。確かなことは分からないが、死を免れることができたのは、民兵組織の有力者とコネがあったとか、身代金を払って釈放してもらったとか、さまざまな理由があるようだ。なかには、逃亡に成功したという例もある。こうした状況下で人々が抱く思いは、人生の空しさ、ばかばかしさ、そして罪深さだ。多くの人が死んだ。悲惨な死に直面している人々を見捨てて自分は生き延びた。死を免れた自分はエゴイストだという思いである。

このような状況は、レバノンという国が崩壊状態にあったころに顕著に見られた。各政党、各組織、各派閥が、それぞれ自分勝手に法律を制して施行した。個人ではなく国家権力による一定の規格にはまった暴力に代わって、組織や団体、個人などによって異なる、勝手気ままで主観的な暴力が横行するようになった。刑務所や留置場のような犯罪人を監視下に置く施設がないため、殺してしまうのが最も確実な方法であり、最も安上がりだった。

逮捕された人質は「遅かれ早かれ殺されるだろう」と予感し、大変な苦しみを味わう。それは、人間として最も耐えがたい苦痛にちがいない。この段階で、この当事者は殉教者と正反対の思いを胸に抱いている。どちらも死ぬことは間違いないが、殉教者の場合は原則として事前に定められた瞬間であり、人質の場合は不特定の近未来だ。しかしながら、殉教者が自分から望んで命を捨てるのに対して、人質の場合は犠牲になるのであって、決して本人が望んだ死ではない。

民兵は目出し帽などで顔を隠していることが多い。この覆面には二つの意味があり、犠牲者の側に立つか殺し屋――つまり民兵――の側に立つかによって、その意味は変わってくる。殺し屋の側から見ると覆面は目の高さで開いており、恐怖の雰囲気を創り出すと同時に、犠牲者の視線から自分を守る効果がある。覆面は犠牲者の頭にかぶせる袋としても使える。そうなると、世界を見られなくなった犠牲者は不安におびえ、息苦しい暗闇のなかに閉じ込められる。覆面は殺し屋の責任を帳消しにすると同時に、犠牲者から自分の殺し屋を識別する権利を奪ってしまう。

民兵による殺害は、野外での見世物――いや、時にはお祭りの催し物――として行われることが少なくない。傷ついた死刑囚が引っ立てられ、死刑囚の遺体が引きずり出される。民兵たちは、リュートの演奏に合わせて叫んだり足を踏み鳴らしたりしている。儀式が始まる前に麻薬を使う民兵もいる。いや、それどころか、もっと楽しんで祭りを盛り上げようとセックスをしている民兵もいる。禁止事項に対する違反も見られる。それは、残忍な行為を目にしながら性的な快楽を味わうことであり、血の祭典にアルコールや踊り、麻薬などを持ち込むことである。この一連の儀式の間、殺し屋たちは英雄の役割を演じる。なぜならば、殺してはならないというタブーを犯すことになるからだ。犠牲者の遺体に対する非礼や、犠牲者をテーマにした際どい冗談などは、犠牲者を自分たちと同じ人間だと思わないからこそできることだった。そして、そのことが民兵たちに「自分たちは合法的なことをしている」という錯覚を抱かせるのだ。それだけにとどまらず、墓を暴いたり、生き埋めにしたり、遺体を解剖したりもする。女性や少女も、この恐怖から逃れることはできない。女性たちは、しばしば夫や親の目の前で暴行される。一二歳や一三歳の少女もいれば、もっと年をとった女性もいるが、性的行為を強要されたうえに殺されることは日常茶飯事だ。性的な快楽を味わうのが直接の目的だが、相手の女性の遺体は解体される。女系の血筋を絶やして、後日に問題を残さないようにするための象徴的な行為である。暴行を受けた女性は体に傷を受けるだけでなく、恥辱を受けた心の傷、家の名を汚し、氏族の名を汚したという罪悪感、うわさになることへの恐怖感などに襲われる。性行為は、最も強い者が最も弱い者の生殺与奪の権を握っているなかで死と結びつく。しかも、最も強い者は仲間の民兵たちに守られて、卑劣な行為を実行に移すのだ。

新聞の社会面は、内戦に直接間接にかかわりのある出来事で埋まっている。例えば「何町の誰それがピストルを拭いていた際に誤って弾丸を発射し、致命傷を負った」とか、「道で遊んでいた子どもたちが袋を見つけた。袋には、切断された人間の首の入っていた」といった調子だ。主観を交えずに目の前の事実だけを淡々と伝えている。戦争に明け暮れする日々にあって、死は日常茶飯事と化し、人々は恐怖を自分なりに消化せざるを得なかった。人それぞれに最大限の惨劇を飲み込んで、その日その日を生き延びた。惨劇を目の当たりにすることは、自分ではなく他人が死んだことを意味している。他人の死を知って、自分の無事を知る日々だった。自分が死んだかもしれない場面で、誰かが何かの偶然で代わりに死ぬ。自分にとっての幸運が、死んだ人にとっては不運だった。

レバノンの殉教者

典型的なタイプの狙撃手と民兵以外に、レバノンの内戦で重要な役割を果たしている第三のタイプが存在する。それは殉教者である。殉教者の存在は、まずレバノンを占領しているイスラエル軍への自爆攻撃で表面に現れる。

レバノンの殉教者は、シリア系武装集団ヒズボラの影響下にあるシーア派が実施に踏み切った手法で、その動機は純粋に政治的だった。殉教者には二つのタイプがあった。その一つは殉教のプロで、あらかじめ作戦を練り、現場に行き、条件が整っていなかった場合は作戦を後日に延期した。もう一つは時限爆弾のように事前にスイッチを入れ、いったん行動を起こすとスイッチを戻すことはできなかった。

自爆攻撃はアメリカやフランスの出先機関に対して行われた。一九八三年四月一八日、西ベイルートのアメリカ大使館が爆破され、六三人の死者を出した。翌八四年の九月二〇日にも、東ベイルートに移っていたアメリカ大使館が襲撃され、死者二三人、負傷者六九人を出した。一九八三年一〇月二三日には、アメリカ海兵隊とフランス軍の兵舎に自爆トラックが突入し、アメリカ兵二四一人とフランス兵五八人が犠牲になった。これら一連の作戦を実行したアブ・マゼンとアブ・サジアンは、それぞれ二六歳と二四歳だった。イスラエル軍に対する最初の自爆攻撃は一九八二年一一月一一日に行われた。攻撃目標はイスラエル軍が使っていたレバノン南部のスールの建物で、死者四七人、行方不明二七人を出した。この作戦の当事者アブ・カシールは、一九六七年に南部レバノンで生まれた。

一九八五年には、イスラエル軍のパトロール部隊に対して、一七歳の少女サナ・ムヘルディが自爆攻撃を敢行した。サナは一九六八年にレバノン南部のシーア派の家に生まれた。彼女はシリアの社会国民党の綱領に共鳴していた。この党は宗教政党ではなく、レバノン、イラク、シリア、ヨルダン、パレスチナ、キプロスを統合する大シリア構想を強く推し進めていた。そして、この考え方を支持する殉教者たちは、パレスチナとレバノン南部をイスラエルの占領から解放するための戦いを宣言していた。一般的な現象として、こういった活動にシーア派の女性は参加しないが、ここでは女性の活動も活発だった。イスラエル軍に対しては、もう一つの政党――非宗教政党のレバノン共産党――も殉教者を差し向けていた。同党の党員ジャマル・サティは「世界中の貧しい人々」にあてた遺書を残している。彼はレバノン北東部ベカー高原の普通の家庭の出身である。殉教者のなかには、やはり共産主義者で「ベカーの花」のニックネームで知られたロラ・アブドゥーの姿もあった。

殉教者の大多数は、レバノン南部の普通の家庭――あまり恵まれない家庭の場合もある――の出身である。イランのバシジに所属する殉教者は大多数が遺書を書き、それに自分の声を録音したカセットを添えていた。ビデオカセットを残した例は少なかった。ビデオカセットの使用が一般化したのは、レバノンの殉教者からである。西ベイルートのビデオカセット販売店で働いていたサナ・ムヘルディは、ビデオカセットを使って身内に別れを告げた。それには、殉教に関して彼女の好きなテーマが語られている。まず殉教を悲しみでなく喜びとして受け止めるべきだと語り、次いで抑圧者に対する戦いとしての殉教について語っている。そして、殉教者の死は結婚と同じ意味を持っており、祝い事なのだと説いている。それ故、悲しみを寄せ付けることなく、親類縁者で喜びを分かち合ってほしいとも述べている。殉教者は死ぬのではなく、家族と一緒に生き続ける。聖なる死は義務でも強制的な賦役でもない。それどころか、最も熱烈な願望の成就なのだ。殉教者が流す血も重要だ。殉教者の血は地面に広がり、悪の軍隊に対して戦いを挑む気持ちを勢い付けてくれる。その奇跡とも思える血の効果は、殉教者の体外に噴き出すことによって味方の兵士たちの力を引き出し、抑圧者に対する将来の勝利を保証してくれる。そして、最後に家族のための祈り、特に母親には殉教者になる自分の子どもを祝福し、子どもが命を捨ててまで目指した聖なる理想の実現を、母親としても同じ考え方に立って推し進めてほしいと懇願している。サナは明言している。「私は殉教者のサナ・ユースフ・ムヘルディ、一七歳です。私は南の出身です。レバノン南部、占領されて抑圧されている南部です。抵抗し、革命を目指している南部です。殉教者のなかでも、私は南のほうの出です。（中略）私が死ぬ日には、私の結婚式の日だと思って、皆さんでお祝いをしてください。私は、ほかの殉教者たちの魂に私の魂が追いついて一緒になり、敵の兵士の頭上に雷のように落下するよう願っています。私は死ぬのではなく、皆さんと一緒に生き続けます。歌ったり踊ったり、やりたいことは全部やりました。今は、英雄的な行為の実現を目指し、殉教者になることに、私自身、本当に感激しています。私のことで泣かないでください。楽しく、笑ってください。いつの世にも、解放への希望をもたらしてくれる人々がいます。（中略）今後、私は南部の大地に根を広げ、大地を自分の血と愛で固めます。（中略）お母さん。私の骨が私の肉体から離れ、私の血が南部の地上に音を立てて流れるとき、私は幸福感に満ちあふれることでしょう。もう座して死を待つことなく、こちらから死のところに赴きます。（中略）私を〝南の新婦〟と呼んでください。これが私の最後の願いです」

宗教人であろうとなかろうと、殉教者の発想は〝聖〟を出発点としている。サナ・ムヘルディのビデオカセットのテーマも、イランのシーア派の殉教者やパレスチナのスンニ派の殉教者が重視する内容と変わらない。イランの場合もパレスチナの場合も、敵と戦って死ぬと同時に不滅の存在になりたいという意図が感じられる。シーア派の場合、それは不信心者との戦いがアラーとの出会いにつながることを意味している。共産主義者や民族主義者の場合は、自分を国という名の集団の一員と位置づけることによって不滅の存在となり、さらに国という枠組みを乗り越えて全世界の貧困層とつながりを持つことによって、不滅の存在となるのである。

第三章　国境を超えた新たなイスラム共同体
――アルカイダ型の殉教者

離散した人々のイスラム共同体

宗教者たちの持てる力を動員してイスラム国家を実現させようとする殉教者のほかに、もう一つのタイプの殉教者がいる。このタイプの殉教者は個別のイスラム国家の実現を視野に入れているわけではなく、むしろ国境を超えたイスラム新共同体《ネオ・ウンマ》の建設を目指している。彼らはグローバル化の申し子であって、イスラム教徒が欧米各地に離散して暮らすようになったり、中近東や旧ソ連帝国でイスラム社会が危機的な状況に陥ったりしたことの産物でもある。

イスラム教徒が欧米各地に離散して定住するようになった結果、イスラム共同体の構成が国家単位からグローバルな規模へと広がるようになった。たしかに、これまでもイスラムは全世界を対象とする普遍的な宗教という考え方を――建前として――維持してきた。この点ではキリスト教と変わりはないが、この目標は他の宗教の反撃に遭い、領域拡大の歩みは遅々として進まなかった。しかし、欧米諸国では政治や教育や日常生活などの面で非宗教化が大幅に進んだため、いまや宗教を旗印に掲げて他宗教と戦う勢いは失せてしまった。その結果、今日では宗教も——世に出回っている商品などと同じように——市場で互いに商品価値を競い合うようになり、その伸びは需要と供給のバランスに左右されることになった。新しい信者を獲得するという意味も、以前とは根本的に変わってしまった。かつての信者獲得活動は善が悪と戦うという正当な行為であり、国家が軍事力を駆使して直接介入するのが一般的なパターンだった。これに対して、現代の信者獲得活動は、他宗教と競い合って市場でのシェアを拡大することを意味している。この結果、欧米にイスラムを拡大することは以前よりもはるかに容易になった。それに加えて、近代化に伴って生じたイスラム社会の相次ぐ危機で、かえって宗教関係者の考え方がかたくなになり、イスラム以外の宗教を信じる人々への締め付けが強まった。イスラム社会に住む少数派のキリスト教徒やユダヤ教徒の人数が減る傾向にあるのも、その影響である。その結果、イスラムの原動力は欧米に向けられるようになり、どの国にも——アメリカ、フランス、ドイツ、イギリス、イタリア、スペイン、いや、スウェーデンやオランダにまで——イスラム教徒が少数派として存在するようになった。

各地に離散して暮らしているイスラム教徒は、母国のイスラム共同体《ウンマ》の単なるコピーではない。この人々に影響を与えているのは、母国のイスラム共同体だけではない。もちろん、離散した第一世代の人々には母国の影響が色濃く刻み込まれている。第二世代も父母の母国の影響を受けているが、その度合いは薄められている。一方、その次の世代を見ると、彼らが生まれ育った社会の影響が強い。この世代の人々は住んでいる社会で教育を受けているうえ、マスコミ——特にテレビ——の影響から逃れることはできない。こういった社会では、イスラム教徒の名にふさわしい生活態度を守らせたり、いったんイスラムから離れていった人々の心や生活パターンをイスラムに引き戻そうとしたりする動きも活発化し、新たな原動力が生まれてくる。欧米諸国に移り住んだ人々の大多数は定住先の文化を受け入れるが、その際に重要な役割を演じるのは学校生活とテレビである。一方、少数の人々は「自分たちが経済的に恵まれないのは社会が受け入れてくれないからだ」とか、「自分たちが文化的に遅れているという烙印を押されるのは人種差別の表れだ」などと不満を感じ、新しい形の過激主義に走ることになる。定住先の社会に溶け込んでいこうとする人々の間でも、アイデンティティーをめぐる問題がないわけではない。「われわれは、ここに昔から住んでいる連中とは違うのだ」ということを鮮明にする必要が生じることもある。また、共通の価値観さえも失う傾向を強めている社会の中で同じ出自の人々とのつながりを求め、生きる意味合いを模索する必要を感じることもある。次第に「冷ややか」になる全体の中で人間的な温かさを感じるために、限られた交友関係を強めたいと願うこともある。そうなると、どうしてもアイデンティティーという側面にこだわらざるを得ない。

離散したイスラム教徒が、新しい定住先に豊かな文化をもたらすことも少なくない。しかも、定住先の先進社会が文化面で既に多様化している場合は、新しい文化の根を広げることも容易である。一般論として、幾つかの異なる文化の底流が共存する多文化併存社会では、社会面や文化面における相互関係が活性化する。この現象と表裏を成しているのが過激な思想やセクト主義で、自分たちこそが本流だと主張し、自分たちと相いれない考え方や生活パターンを拒否しようとする。そして、自分たちのアイデンティティーの殻に閉じこもってしまう。こういった過激派には、大きく分けて二つのタイプがある。一つは平穏な――しかし、極めて内向的な――新共同体であり、もう一つは定住先の社会との関係を断ち切った戦闘的な新共同体である。前者は、いわば自分たちの周囲に伝染病発生地域を示す立ち入り禁止のロープを張り巡らすように守りを固め、自分たちと相いれない人々をロープの外側に押し返してしまう。そして、周辺の社会からの影響を避け、自分たちだけの社会に閉じこもって信仰を守り続けようとする。欧米に定住するイスラム教徒のウンマの間では、この種のタブリーグ運動［訳注　一九二〇年代にインドで起きたイスラム復興運動で、日常生活のなかで礼拝などの宗教活動を怠らないことなどを強調しており、政治とは一定の距離を保っている］が主流となっている。混じり気のない信仰生活を送ろうとすれば、他の人々から孤立する必要があることは間違いない。だからといって、そのことが周辺社会との戦争を意味するわけではない。これとは対照的に、戦闘的なネオ・ウンマが旗印に掲げるのは、何よりもまず不信心者の社会との関係断絶にほかならない。汚れに染まった世界の真っただ中で、自分だけは純粋であり続けなければならない。要するに、必要なのは、虎視眈眈《こしたんたん》とチャンスをうかがっている堕落した世界から、手段を選ぶことなく最も効果的な方法で身を守ることである。

アルカイダのような組織は、資金調達とメンバー補充のネットワークに支えられている。しかし、資金調達にせよメンバー補充にせよ、国家という単位に固執しているかぎり、ネットワークの実態を把握することはできない。彼らのネットワークは国家ではなく、組織の目的を支持する多くの個人に依存している。そういった個人の大多数にとって、過激な組織を支持するようになったモチベーションは、戦闘的なタイプのネオ・ウンマに共感を抱いたことだった。戦闘的なネオ・ウンマは複雑な多層化構造の——文化面における重心がないうえ、多文化の併存によって堕落してしまった——現代社会の副産物なのだ。

アルカイダ型の組織が推し進める宗教観は、欧米に対する憎しみに端を発していることが多い。感情的にも文化的にも何かにつけて欧米——しかも自分たちと対立関係にある欧米——に依存しているなかで深く根を広げた憎悪である。それゆえ、この憎悪の感情に目を向けないかぎり、情勢を的確に分析することはできない。そうすることによって、二〇〇一年九月一一日の同時多発テロにかかわった新しいタイプの殉教を理解することができる。

さまざまなタイプの屈辱

アルカイダ型の殉教者は何を伝えようとしているのだろうか。その意味合いを理解するためには、まず二つの点に目を向けなければならない。その一つは殉教者たちが体験した屈辱であり、もう一つは欧米側の傲慢さである。一口に屈辱といっても実は幾つか種類があり、殉教者の立場から見ると、そのうち三種類の屈辱が特別の意味を持っている。第一は、フランスで暮している北アフリカ系の若者たち、あるいはイギリスに在住する西インド諸島出身者やパキスタン系の人々のように、経済的にも困窮し社会的にも下層階級に属している人々が、日常生活において体験する屈辱である。第二は、ボスニアやアフガニスタン、イラク、パレスチナなどのイスラム教徒がマスメディアを介して体験する屈辱で、それは教徒としての自分のアイデンティティーを外に向かって誇示することができない状態である。そして、第三は、欧米社会にドップリと漬かってしまうと心まで汚染されてしまうという屈辱感である。自分は――幼いころか成長後かはともかく――母国を離れて暮らしている。その結果、母国のイスラム社会にとどまっている同じ宗派の人々の不幸を、まるで対岸の火事のように傍観しているだけではないかという受け止め方だ。欧米が握っている主導権を打ち砕くために戦っている組織の活動に参加すれば、自分の視野は広がり、失われた尊厳を取り戻すことにもつながる。

新たな自意識

テロ活動にかかわった容疑でフランスの刑務所に収容されている十数人にインタビューした結果、アルカイダのメンバーの持つ非常に気掛かりな横顔が見えてきた。インタビューは二〇〇一年四月から行われた(1)。彼らは決して古風な考えの持ち主ではなく、近代化の波に足元をすくわれた犠牲者でもない。フランスで生まれたが故にフランス国籍を有している者もいれば、帰化してフランス人になった者もいた。しかし、その出自に関係なく、全員が〝欧米文化〟に――決して骨の髄まで染まってはいなかったが――見事なまでに精通していた。一人は六カ国語を知っていたし、五カ国語を話す者が二人、三カ国語が一人、他の全員がフランス語のほかに英語とアラビア語の知識を有していた。彼らの大多数は、フランスや中東などで大学教育を受けていた。そのうちの一人は、トルコで神学を学んだあとマレーシアで経営学を学んだという。科学――特に情報工学――の道を進んだ者も二人いた。さらに、カナダで企業の経営部門で仕事をしていた者も一人いた。学歴不足も何人かいたが、そのうちの一人は、一九九二年の軍事クーデターで治安が悪くなったアルジェリアを出国し、フランスで働いていた。インタビューした容疑者の妻の国籍は、フランス人、日本人、イタリア人、ボスニア人などさまざまだった。容疑者のうちには、妻が二人いる者も――筆者の知り得た範囲では――一人いた。妻は二人とも彼の世話でイスラムに改宗したという。彼自身がインタビューに答えたところによると、彼は二人の妻に対して「二人と同時に一緒に暮らしたい」と正直に告げたという。容疑者の何人かは、幼いころからヨーロッパで暮らした。そのうちの一人は、イタリアで一〇年暮らしたあとカナダで四年暮らしたという。もう一人は、五歳のときからフランスで暮らしていると答えた。一人を例外として、全員が高いレベルのフランス語を駆使していた。

わずか十数人にインタビューしただけで結論を出すべきではないという意見もあるだろう。しかし、少なくとも古い時代のイスラム思想をそのまま受け継いでいるとか、近代化に立ち遅れたための犯行だといった見方とは全く異なる印象を受けた。話を聞いた十数人の一人ひとりについて、必ずしも十分な知識を得ているわけではないが、それぞれ一時間以上を費やしたインタビューの結果、かなり彼らの実像に迫ることができた。文化的な素養に欠けているために、あるいは欧米型近代社会の複雑な機構を理解できないために、進むべき道を見失った者は一人もいなかった。彼らの大多数は〝ごく普通の市民〟と同じように社会に溶け込み、平均的なヨーロッパ人よりも（例えば、幾つかの言語をマスターしているなど）奥行きのある人物像を感じさせる。そして、欧米の幾つかの国に定住して、それぞれの土地に固有の文化を十分に体得している。一つの文化圏から別の文化圏に移動しても、何の問題も生じない。

それならば、なぜ彼らは過激な道に踏み込んだのだろうか。彼らは「多文化型」の一面を持っているが、同時に「欧米文化」――そして「欧米そのもの」――を真正面から激しく拒否する一面も持ち合わせている。彼らのうちの一人は「欧米の高慢さ」を口にした。もう一人は「民主主義という旗印を振りかざして世界を支配しようとする偽善」を非難した。イスラムは支配され、邪険に扱われているという点で、彼らの意見は一致していた。ボスニアであろうとイラクであろうと、あるいはアフガニスタン、パレスチナ、サウジアラビア、アルジェリア、さらには欧米の国であろうと、キリスト教徒とユダヤ教徒が同盟を結んでイスラム教徒を追い詰めている。その結果、ジハード以外にイスラム教徒の行き着くところはなくなったという。彼らのなかには、イスラム教徒としての勤めを真面目に実行する家庭の出身者もいたが、兄弟姉妹の全員が必ずしも真面目な信者ではない例も何人かいた。あまり熱心なイスラム教徒ではない家庭で育った者も何人かいたが、そういった家庭とイスラムとを改めて結びつける仲介者の役割を果たしたのは彼らだった。イスラムとは何かを探求しようとしたことがきっかけとなって彼らは宗教的な知識を深め、その結果としてアラビア語を学ぶようになったのであって、アラビア語を学んだことがきっかけとなってイスラムに近づいたのではない。

欧米に対するイスラムの拒否反応は、具体的な行動によって示されるようになった。アルカイダ系の新しい殉教者だけに見られる現象ではない。このことは、アルカイダ以外の殉教者――特にイスラムに目覚めた欧米育ちの人々――にも当てはまる。イスラムは、支配されている人々や「高慢ちきな欧米のやつら」――これは、インタビューに応じた容疑者の一人が使った表現だが――に苦しめられている人々のための宗教なのだ。幼いころからフランスで育った何人かは、突如として目が覚める思いがする。成人するまで、彼らは自分のことをフランス人だと信じていた。ところが、あるとき、それまでは深刻に受け止めていなかった人種差別こそが、自分たちと欧米の間に存在する底知れぬ深淵だということに気づく。しかも、そのような不吉な空気に包まれた欧米の最先端に立っているのは、今まで自分たちの母国だと思っていたフランスではないか。そこに、見かけの上では毒にも薬にもならないような出来事が起きる。インタビューに答えた一人は、自分の妹の高校生が「アラブ人のくせに」と後ろ指を指されたことを例に挙げた。ほかの女の子のように男の子と外でデートすることを断ったからだという。彼自身も、褐色の肌について、ほかの生徒たちから不愉快なことを言われたことがある。また、欧米のイスラム教徒は、イスラム圏の諸国――特に、アルジェリア、ボスニア、アフガニスタン、チェチェン、パレスチナなど――の不安定な政治状況を知るにつれて、自分と同じ国――イスラム教徒を積極的に支援しようとしたことなど一度もない国――に定住しているイスラム教徒と手を結んで立ち上がろうという気持ちを抱くようになったという。そうなると、イスラム世界とのつながりに心を奪われ、日常生活でも周囲との関係がぎくしゃくするようになる。そして、自分が育った国とイスラム世界との狭間《はざま》で「どちらを裏切るべきか」悩んだ末、欧米との決別に踏み切るようになる。

このように、自分の日々の生活体験に起因する反欧米感情と、イスラム世界との連帯感に起因する反欧米感情は混じり合って次第に力を得るが、それ以外の現象にも刺激される。それは、例えば個々の人間の存在よりも全体を重視する近代社会の没個性であり、その逆を行く過度の個人主義である。こういった傾向に人々は戸惑いを感じ、次第に自分の殻に閉じこもるようになる。そして、欧米世界を十把ひとからげにして〝悪〟と決めつけ、一方的に決別する。もっとも、欧米に定住しているイスラム教徒の大多数は、何が〝悪〟なのかを説明できるような具体的なイメージを持っているわけではない。欧米側の誰を責めるべきか分からない。言い換えれば、自分の〝敵〟を特定することができないまま、その〝敵〟を憎むことになる。視点を変えると、この悩める人々は、幾つかの文化に囲まれて生きている。それは、例えば両親を経由して伝えられた文化やフランス社会の文化だが、さらには欧米の他の国々――ドイツやイギリスやアメリカなど――との接触を通じて体得した文化も無視できない。それゆえ、ほかの人ならば何とも思わないような状況下で、自分の存在そのものの是非にかかわるような決裂の瞬間を迎えることになりかねない。そして、その瞬間から、欧米は彼らの目に絶対的な悪の化身と映る。

それにしても、宗教に対する自分の考えは、近代性に逆行しているのではなかろうか。この問いに対して、一人が「イスラムこそ近代性の神髄だ。なぜならば、コーランには命令形で〝読め〟と書いてあるからだ」と答える［訳注 コーランの第九六章「凝血」の冒頭に「慈悲深く、慈愛あまねきアラーの名において、読め、創造主なる主の名において、いとも小さい凝血から人間をお創りになった（以下略）」と記されている］。そのような近代性の神髄であるイスラムを信じる人々を、堕落した欧米が力づくで打ちのめし、服従させ、精神的な面まで奴隷化してしまう。虐待するか手なずけるかのいずれにせよ、悪いのが欧米であることは間違いない。

世界の巨大都市

巨大都市は、経済、政治、社会、文化など、さまざまな分野における活動の中心地だが、そのなかでも特に活発なのは文化活動である。近代文化は巨大都市で生まれ、成長し、驚くほど多種多様な姿に変わりながら広がっていく。そして、その多種多様な文化が互いに影響を与え、共存共栄の道が生まれ、新たな芸術表現や思想の流れも育成される。さまざまな文化が混じり合い、外国人が地元の人々に溶け込んでいくのは、巨大都市でこそ見られる現象である。しかし、その一方で、近代的な巨大都市は冷静な判断力を失わせる場所でもある。巨大都市では、多種多様な文化が相互の相違を認め、互いに他の文化を尊重しながら共存している傍らで、人々は周囲の目まぐるしい動きに幻惑されて冷静に判断することができなくなり、自分が何者なのか分からなくなる。近代都市は、もはや単一の基準に基づいて集中管理することができるような単純な組織ではなくなっている。その点では、たしかに周囲と交わることなく孤立感にさいなまれながら日々を過ごす場所であると同時に、異なる文化と交流することによって発展し、新たな文化を創造する場所でもある。特に、イスラム世界から移り住んできた人々は、当然のことながら結びつきの強い共同体《ウンマ》に思いを致している。そして、欧米の地にあってグローバル化した新たな形のウンマに溶け込もうとして、彼らなりに努力する。

このように、近代都市は前と後ろに顔を持つギリシャ神話の両面神ヤヌスでもある。近代都市の真ん中で暮らしていると、近代化の波乗りに積極的に参加している感じと、完全に孤立している感じを併せ持つようになる。特に、欧米の大都市に住んでいる移民の大多数は、疎外感を次第に強く感じるようになる。当初、自分はどこの国にも属していないのではなかろうかという疑問を抱く。しかし、やがて、そのような疑問を抱くこと自体が無意味に感じられるようになる。自分を受け入れてくれた国や町に溶け込むどころか、自分は全く〝よそ者〟だという感情が強くなってくる。どの国に住んでも、どの町に住んでも、疎外感は増大するばかりで、決して「住めば都」などという親近感はわいてこない。現世は、どこも流刑の地に等しい。こういった気持が高じて、やがて新たなイスラム共同体——いわゆる〝ネオ・ウンマ〟——の一員になろうという気持ちを持つようになる。ネオ・ウンマの基本的な意義は、あらゆる地域、あらゆる国家の限界を超えて、その向こうに存在することにある。ロンドン、パリ、ハンブルク、マドリード、ローマ……、いずれも豊かさと誘惑に満ちあふれた巨大都市で、発展途上国から来た出稼ぎ労働者の消費欲に強烈な刺激を与える。特に、イスラム圏の出身者は、石油の魔力をバックに期待感を高めながら欧米に移住してくる。一九七〇年代から八〇年代にかけて、エジプト、パキスタン、アルジェリア、モロッコ、シリア、チュニジアなどからアラビア半島に出稼ぎに来た労働者は、石油という名のウイルスに感染し、石油こそ自分たちの消費生活を支える無限の資源であり収入源であると信じ込んでいた。

欧米の巨大都市では、アラビア半島で経験した夢のような豊かさどころか、その一〇〇倍もの豊かさが生み出される。ところが、特に資格を必要としない仕事や単純作業を求めて移住してい た人々は搾取され、いくら働いても豊かになれない働く貧困層《ワーキングプア》に転落する。パリでも、ニューヨークでもローマでも、状況は変わらない。この状態に追い込まれた数多くのイスラム教徒は怒りに燃えるが、その日その日の必需品を手に入れて家族の生活を維持するためには、そのような怒りを克服しなければならない。もっとも、実際に怒りを口にするのは時間的にも余裕のある比較的恵まれた少数の人々で、同国人や同じ宗派の人々と不平不満を語り合い分かち合うことに時間を浪費している例が少なくない。これに対して、大多数は自分を取り囲む状況を〝前向き〟に活用し、同じ都会に住んでいる同国人だけではなく、別の国に住んでいる同国人とも国境を超えたきずなを強めることに意を注いでいる。このような遠く離れた地域の同国人を結びつけるウンマは、国境を越えて物品や情報の交換の場となり、送金のチャンネルの確立にもつながる。マルセーユやストラスブールなどヨーロッパの国境近くにある大都市では、こういった形のイスラム教徒のネオ・ウンマが急速に根を広げており、その構成員は忙しく立ち働いて金銭を稼ぎ、その恩恵を家族や知人にも分け与えようと努力している。国境のどちら側に住んでいるかなど全く関係ない。

しかしながら、この状況を「耐えがたい」あるいは「卑劣だ」として受け入れようとしない少数派も存在する。この少数派は、自分たちがイスラム教徒であるがゆえに侮辱され、後ろ指を指されるのだと思い込む。大都市はタコのように四方八方に足を伸ばし、執念深く人々を無駄遣いや乱行に誘い込もうとする。そして、付いていけないほど急激な先端技術の発達、よりどころとすべき規範の欠落、男性同士や女性同士の同性愛などみだらな性関係の解放、頼りにすべき精神面の指針の欠如など数多くの要素が重なり合って、イスラム教徒の少数派を追い詰めていく。抑圧されるイスラム世界の映像がテレビの画面に映し出されるのを見ながら、手前勝手な抑圧者たちの動きを黙認して何の行動も起こさず、声を大にして叫ぶこともせず、その日その日を静かに過ごす……そんなことが、どうしてできようか。

　イスラム教徒を見下し、イスラム教徒を受け入れようとしない人々――いや、そこまで行かないまでもイスラム教徒を無視する人々――の優雅な生活を目の当たりにしながら、そんなこと気にするなと言われても、少数派にとっては気にせざるを得ないし、我慢できないというのが正直なところだった。そういった環境のなかで、少数派の人々は、激しい欧米化の波、欧米に対する憎悪、神格化した形で今に伝わる初期のイスラム共同体へのあこがれ、かつての栄光に満ちたイスラム世界の再建を目指す非現実的な夢想、さらには対欧米のジハードに加わって殉教者として死のうという機運の高まりに巻き込まれる。機会を得て殉教に身を捧げたいという気持ちの裏には、技術的、経済的、軍事的な面で欧米が優位に立っていることに対する反抗心がある。欧米の物質面における優位に代わり得るのは、命を犠牲にすること以外にはないという考え方である。

ネオ・ウンマの組織形態と運営

イランやパレスチナにおける殉教は、国家や民族という枠組みのなかで増大した根底からの挫折感が原因になっている。イランの場合は、イスラムの理想郷を実現させるという目標が足元からぐらついて遠のいてしまったことだ。パレスチナの場合も、パレスチナ人の土地にパレスチナ国家を樹立するという目標が実現できないまま推移していることだ。これに対して、国境を超えた殉教の場合は、その意味合いが全く異なっている。その違いは、自分の身体だけではなく、他の人々との関係、敵との関係、自分自身の心との関係、イスラムとの関係、そして幅広く文化や政治との関係にまで及んでいる。前者――つまり、国家や民族という枠組みのなかでの殉教――は政治にかかわる何らかの計画の危機あるいは挫折に端を発しているが、後者――つまり、国境を超えた殉教――は国家という名の固定した枠組みに何のしがらみもないし、政治にかかわる具体的な計画などもない。前者が抱いている敵のイメージは具体的で、多少なりとも限定された範囲に収まるが、後者が抱いている敵のイメージは極めて幅広く、漠然としている。前者は原則として国に立脚しているが、後者はグローバルな視点に立って建設すべき共同体《ウンマ》に立脚している。そのウンマは幾つかのイスラム社会を傘下に収めているほか、少数のイスラム教徒を抱えている欧米諸国にも拠点を持っている。もちろん、組織形態や運営の方式は決して単一ではない。前者の殉教者は、国家を補佐する組織をよりどころとしている。この場合、殉教者が宗教的な枠を離れて国家による神聖化の対象となることは注目に値する。スリランカでタミル国家の建設を叫ぶ過激派組織「タミル・イーラム解放のトラ《リベレーション・タイガーズ・オブ・タミル・イーラム》（ＬＴＴＥ）」による自爆攻撃は、その代表的な例である[2]。

二〇〇一年九月一一日、ニューヨークの世界貿易センターの二つの高層ビルを破壊した自爆攻撃は、第二次世界大戦後の冷戦時代に代わる新しい時代の到来を告げた。一九八九年にベルリンの壁が崩壊して以降、国際社会は暗中模索の時代に入った。競争相手の共産主義者たちは消えていった。半世紀にわたって国際関係を左右してきた二極化の時代は幕を閉じた。世界を二分していた二つの超大国のうちの一つは崩壊し、超大国はアメリカ合衆国だけとなった。しかし、新時代の到来に陶酔している間もなく、一九九〇年代には――旧ユーゴスラビアやチェチェンをはじめとして――民族問題に絡んだ武力衝突が次々に起こった。

一九九三年二月二六日、世界貿易センターの地下の三つの階は、アルカイダが仕掛けた爆発物で甚大な被害を受けた。死者は六人、負傷者は一〇〇〇人に達した。さらに、一九九六年六月二五日、サウジアラビア東部ホバルのアメリカ軍基地で爆発があり、アメリカ兵一九人が犠牲になった。また、一九九八年八月七日には、ケニアの首都ナイロビとタンザニアの首都ダルエスサラームのアメリカ大使館が爆破された。これらの事件は、それまでの数十年間に世界が体験したテロとは異なる新しいタイプのテロが台頭してきたことを見せつけたのである。

この種の新たなテロ活動を「超テロ《ハイパーテロ》」と呼ぶ人もいる。いずれにしても、このテロは従来のパターンに当てはまらない。その主な狙いは政治的な目的を達成することではない。政治的な性格の強い組織などを攻撃することはせず、政治制度に真正面から立ち向かうこともしない。そうではなく、全世界的な視野に立って、その最大のシンボルであるアメリカに狙いを定めるのだ。フランスやサウジアラビアなども目立つ存在なので、標的の役を割り当てられる可能性がある。テロリストのなかに国家と深くかかわっている人物が含まれていないのも、新しいテロの特徴である。従来のテロは大なり小なり国家に支配されていた。また、それゆえに、標的となった相手国の反撃力を常に念頭に置いていなければならず、無責任な行動には出られなかった。新たなタイプのテロにとっては、そのような配慮など不必要である。国家が果たす役割は二義的な範囲にとどまり、せいぜい資金面での協力や武器の支援などに限られる。一九九二年から一九九六年までの間に、アメリカ国務省が確認した三三〇件のテロ事件のうち、国家と直接結びついていたのは六件しかない。言い換えるならば、テロ活動のうちの二％弱でしかない。このことは、新たなタイプのテロの重要性を如実に物語っている。テロ対策の責任者にとっては、国家の指令に従って行われたテロ活動なのか、国家とつながりのあるテロ活動なのか、それとも国家とは関係のないテロ活動なのかを見分けることが不可欠になった。テロの主流は、特定の国家戦略に沿って行われる活動から、いわゆる「ならず者国家」の後ろ盾を得て——ただし、主導権を手離すことなく——行われる活動へと移っていった。この新たなタイプのテロの特徴は、テロの私有化にほかならない。そして、テロ組織は慈善団体の名前を使ったり、特に「アルカイダ」の場合はペルシャ湾岸のアラブ諸国の億万長者から資金を集めたり、あるいは麻薬の密輸（「アルカイダ」の場合はアヘンの密輸）で利ザヤを稼いだり、経済界の要人に寄付を強要したり、さらには欧米人を人質にして身代金を取る（フィリピンの過激派組織「アブ・サヤフ」は、観光旅行者を人質に取ることを得意としている）などして、テロ活動に必要な資金を集めている。

従来型のテロ組織は政治の責任者に要求を突き付ける一方、自分たちに有利な場所に活動拠点を設けて損失を最小限にとどめようとした。スペインからの独立を目指すバスク地方の非合法組織「祖国バスクと自由《エウスカディ・タ・アスカタスナ》（ＥＴＡ）」、北アイルランドの「アイルランド共和国軍《アイリッシュ・リパブリカン・アーミー》（ＩＲＡ）」、フランスからの独立を目指すコルシカ島の過激派「コルシカ民族解放戦線《フロン・ド・リベラシオン・ナシオナル・ド・ラ・コルス》（ＦＬＮＣ）」などは、いずれも一定地域の領有権を放棄するよう国に対して要求している。同じように、フランスの「直接行動《アクシオン・ディレクト》」や西ドイツの「赤軍グループ《バーダーマインホフ・グルッペ》」、イタリアの「赤い旅団《ブリガーテ・ロッセ》」、さらには「日本赤軍」などの極左組織も、彼らなりの解釈に基づいて帝国主義を敵視し、これを打ち崩そうとして要求を突きつけた。これに対して、新しいタイプのテロには、そのような思想的な基盤などない。領土に関する具体的な要求もなく、イデオロギーの後ろ盾もない。新しいタイプのテロは無差別な行動に出る。紛争に直接かかわりのない民間人に大きな損失を与えることも少なくない。このように状況が複雑になるにつれて、どの部類に属するテロかを明確に仕分けることができないグレーゾーン現象も拡大し始めた。それは、国家間の争いや国家を後ろ盾にしたグループ間の争いではない小規模な紛争でありながら、社会不安を増大させる大きな原因になっている。これとともに、テロリストが活動する地域も変化してきた。以前は、アメリカやアフリカでテロ活動が行われることなど、ほとんどなかった。しかし、いまやアメリカもアフリカもテロ活動の対象外ではなくなった。一九九六年六月のサウジアラビアにおけるアメリカ軍基地襲撃や一九九八年八月のケニアとタンザニアにおけるアメリカ大使館の爆破事件は、このことを裏付けている。

この新しいタイプのテロは、ソ連が崩壊したあとに日の目を見た。多少なりとも具体的な政治目標を掲げていた古典的なタイプのテロはソ連東欧圏の瓦解とともに消滅し、二極体制に引きずられることのない新たなタイプのテロが雨後のタケノコのように次々に芽生えた。そして、味方の損失の大小など問題にせず、規律ある行動を求める国家の方針も気にすることなく活動し、ついにテロと戦争の境界線を無くしてしまった。このような事態を目の当たりにして、各国の指導者たちは「未来型の戦争」を語るようになった。この戦争を特徴づける決定的な要素は〝予測不能〟にほかならない。アルカイダのテロ活動に対する報復として、アメリカはアフガニスタンにあるアルカイダの基地をミサイルで攻撃したが、攻撃に先立って宣戦布告は行われなかった。

新たなタイプのテロ活動の特徴は、そのテロ組織のリーダーの個性、先端技術を活用する能力、さらには多種多様な構成人員を一体化する能力によって変わってくる。

イスラム世界のテロ組織で最も広く知られているのがアルカイダであることは、疑う余地もない。資金の面でも後方支援の面でも世界各地に広く枝葉を広げている点でも、アルカイダは最大の規模を誇っている。しかしながら、注目すべきテロ組織はアルカイダ以外にも決して少なくなく、いずれも大なり小なり自立している。それらの組織の相互間の関係は実に漠然としているが、狙う標的については組織によって志向性が明らかに異なるなど、それなりに独自性を維持している。その一例は「イスラム聖戦運動《ハラカト・アルジハード・アルイスラミ》」で、この組織はパキスタンと強く結びついているが、主な活動拠点の一つは領土問題をめぐるインドとパキスタンの係争地カシミールに置かれている。ただし、カシミール以外に、バングラデシュでもロシアのチェチェンでも中国の新疆ウイグル自治区でも、さらには中央アジアのウズベキスタンやタジキスタンでも活発に活動している。カシミールのインド支配下の地域では「自由カシミール」運動を展開しているムハンマド・イリアス・カシミーリの指揮下にあり、ほとんど自主的な判断で活動している。ハルカトは、どのテロ組織よりも多くの殉教者を出している。ウズベキスタンにおけるハルカトの司令官シェイフ・ムハンマド・タヒール・アルファルークは、同国のカリモフ大統領の軍との戦いで、これまでに約三〇人の部下を失った。チェチェンでのテロ活動は、ヒダヤトラー司令官のもとでロシアを標的として行われ、チェチェンにおける武装組織の育成に貢献した。ミャンマーでは、イスラム学者アブドゥル・クッドゥスの指導に従って活動している。こういった例は数え切れない。

ハルカトもアルカイダと同じように構成は緩やかで、その運営は大方において各地域の自主管理に委ねられている。このように構成が緩やかで広範囲に拡散しているテロ組織も、情報技術（IT）の発達によってインターネットや携帯電話を利用して十分に連絡を取り合うことができるようになった。また、アルカイダが有名になると、他のテロ組織もアルカイダにあやかろうと動きを強め、その存在を誇示するようになってきた。いまや情報伝達の手段——特にテレビ——は文字どおり打てば響く共鳴箱のように反応し、イスラム教徒を軽視している高慢な欧米の権力者たちに屈辱感を与える方法を明示してくれると同時に、無名の組織を中核的な存在に押し上げ、歴史に名を残す機会を与えてくれる。ニューヨークの世界貿易センタービルが崩壊する様子を伝える生々しい映像はテレビで中継され、世界中でむかつくほど繰り返し放映された。この映像はアルカイダが国際政治や国際経済の分野で無視できない存在であることを強烈に印象づけた。いまやアルカイダという名称は世界の隅々にまで知れ渡り、それまでは限られた地域でテロ事件を起こしてもマスコミに無視されていた規模の小さい組織までが、胸を張ってテロ活動を繰り返すようになった。そうなると、欧米側——特にアメリカ——からの反撃に備えると同時に、さまざまなテロ組織の間の競争心を効果的に利用するため、テロ組織のほうも構造を強化して連絡を密にする必要に迫られるようになった。

　アルカイダの場合、インターネット経由の連絡や新しいタイプの通信手段（信号の暗号化、データの圧縮など）が、戦略面で卓越した効率を維持するうえで大きな役割を果たしていることは疑う余地がない。さらに、新たなタイプのテロ活動を成功に導くためには、グローバル化が進む経済の仕組みを逆手にとって利用し、租税回避地《タックスヘイブン》などを最大限に活用することが不可欠である。

　超近代的な行動様式を採用しているアルカイダの極めて大きな特徴は、古いタイプのテロ組織に見られる厳格な階級制度を撤廃したことである。アルカイダのネットワークは以前に比べて柔軟な考え方に基づいて運営されており、活動の形態も、中央からの指令ではなく現地の判断に重点を置くようになっている。組織のメンバーの構成は極めて流動性に富んでおり、ある一つの具体的な行動計画に加わるため参集し、互いに見ず知らずのまま一緒に行動する。そして、行動が終わるとともに四散し、どこへともなく消えていく。

　アルカイダのネットワークには、幾つかの特徴がある。第一に、国境を超えた地域分散型という点でマフィアのネットワークと似ている。第二に、一人の出資者に依存せずに独立採算制を維持している。そうすることによって、国家——例えば、サウジアラビアやリビア——の影響力を排除することができる。第三に、一方でアルカイダ自体もカリスマ性のある何人かのリーダーを頂きながら、他方で複数の組織との連携も維持している。一九九〇年代の一〇年間を通して、アルカイダはシェイフ・オマル・アブドゥルラーマン配下のエジプトの過激派「イスラム・グループ《ガマア・イスラミーヤ》」、同じエジプトの過激派「ジハード団」のアイマン・ザワヒリ、ビンラディンがパキスタンの過激派「支援運動《ハラカト・アルアンサール》」と協力して結成した「国際イスラム戦線《インターナショナル・イスラミック・フロント》」などと連携を保ち、パキスタン人をカシミール地域に、またアラブ人をチェチェンやボスニアに送り込んだ。

アルカイダのもう一つの特徴は反アメリカ主義であり、反欧米主義である。アメリカが敵であることは言うまでもないが、もっと大まかに言えば欧米全体が敵なのだ。一九九五年の七月一一日から一〇月一七日までの三カ月余りの間にフランスで幾つかのテロ事件が発生し、死者九人と負傷者一九八人を出した。特に、七月二五日には、パリの地下鉄サンミシェル駅に停車中の電車内で、アルジェリア系のイスラム原理主義組織「武装イスラム集団《グループ・イスラミック・アルメ》（ＧＩＡ）」による爆弾テロが発生し、死者七人と負傷者八四人を出したが、これら一連のテロ事件にはビンラディンが絡んでいたと見られている。

社会から〝つまはじき〟にされた若者たちが中流階級の出身者と肩を並べて組織に参加することは、決して一般的ではない。アルカイダの場合、その中核となる精鋭部隊を形成しているのは中流階級の出身者で、社会に背を向けた若者たちの存在は重要視されていないらしい。ただし、アフガニスタン情勢の悪化に伴ってイスラム圏の諸国から駆け付けた志望者を受け入れた当時は、アルジェリア、エジプト、パキスタン、イエメンなどから来た庶民階級の若者も少なくなかった。アルカイダとしては、さまざまな階層の出身者を採用して一体化を図り、敵に対して抱いている共通のイメージを出発点として、イスラムのために戦う必要性を説いた。この「イスラムのため」という箇にして要を得たスローガンは、ボスニア、アフガニスタン、イラク、パキスタン、チェチェン、アルジェリアなど、イスラム教徒の国が攻撃を受けたことで深く傷つけられたイスラム世界の人々の間に、幅広いコンセンサスを生んだ。

アルカイダの特徴をもう一つ挙げるならば、一九九〇年代の前半、ボスニアやタリバン支配下のアフガニスタンのトレーニングキャンプで、メンバーに対する訓練を外部から干渉されることなく自主的に実施できたことである。ボスニアやアフガニスタンで新人の募集と育成に当たっていた地元の組織は、アルカイダに対して大幅な活動の自由を保証していた。

アルカイダのネットワークは具体的な計画を持たず、これという政治的な基本方針も持っていない。ビンラディンはサウジアラビアを「アメリカに支配されている」と非難し、アラブ諸国の政府を「欧米に対抗できない」と非難しているが、特定の国の政治権力を奪い取ろうという考えは持っていない。イランのイスラム革命は、イスラムに基づく正義を打ち立て、圧政に苦しむ人々に救いの手を差し伸べる計画を——少なくとも当初の段階では——立てていたが、これとは対照的に、アルカイダは首尾一貫した経済対策など何も用意していない。アルカイダのなかで「欧米は正義の道を踏み外し、道徳面でも堕落している。そのような不信心者の世界を容認することはできない」と声高に叫ぶのは宗教人であって、エコノミストでも軍人でもない。彼らは経済政策や軍事作戦には無縁で、ただイスラムの戒律を厳密に守るべきだと説き続けているにすぎない。

資金面ではどうか。アルカイダの底力は、外部からの干渉を受けない自己管理とテロ活動の自主運営にある。投資によって得た収入を組織の運営と活動資金に充当している。例えば、活動が多少なりとも長期にわたる場合は、漁船を購入する。そして、その漁船の水揚げを活動の費用や参加する要員への報奨金などに当てている。アルカイダには、政治的な意味での中央集権制度がないのと同じように、資金の運用面での中央集権制もない。

アルカイダには多種多様なタイプのメンバーが加わっており、それがアルカイダの恐るべき行動力の大きな要因になっている。さまざまなタイプの人物が登場するが、それぞれの人物が抱いている動機や理想の間には、あまり関連性はない。しかし、何か行動を起こすときには、そういった人々が連係プレーを行うことになる。その組合せの顔ぶれを決める際にも、誰が何に優れているかといった専門性は特に考慮の対象にはならない。ピラミッド型の構造を持った従来の組織の場合、あまりに性格や専門分野の異なる要員に一つの仕事を分担させるのは容易なことではなかった。末端の要員は、たとえ組織の上部の考えが自分の考えと異なっていても、ただ黙々と命令に従うことを強要されてきた。それに対して、異なる志向性を持った要員が、現場の事情に合わせて自主的に判断して行動するネットワーク型の新しい組織の場合は、管理運営も決して難しくない。組織の中核を形成する要員の間には、あまり意見の隔たりがないほうが好ましいが、それ以上の条件は必要ない。それぞれの末端組織は、自主的な判断に基づいて行動を開始する。その時点から、ピラミッドの上部で末端の動きに一喜一憂する必要はなくなる。これが、アルカイダの原動力であり、日本のオウム真理教やアメリカの極右武装組織「ミリシャ」などの原動力である。

アルカイダと現代の排他的な教団の基本的な性格には共通点も多いが、両者の間には二つの点で大きな違いがある。第一に、教団は社会に背を向けて門戸を閉ざし、社会から孤立するか社会と対立するかの道を歩むことになる。しかし、多くの場合、信奉者の数は限られており、「神に選ばれた人々」の数も必然的に限られている。これとは対照的に、一〇億人を超えるイスラム教徒の存在が、イスラム主義を旗印に掲げる数多くの団体にとって絶好のターゲットであることは間違いない。こういった団体は、いわば名前だけの怪しげなイスラム教徒を誘い込んで正真正銘のイスラム教徒に変身させる。そして、イスラムが脅威に直面している現実を示して彼らの目を覚まさせ、ジハードへの参加を促す。第二に、アルカイダなどは地下組織であるという点で教団と異なっている。必ずしも存在を秘密にするというだけの理由で地下に潜っているわけではない。むしろ、その主な理由は、緩やかなネットワーク型の組織だという基本的な性格に起因している。ネットワークの一端を担っている組織は地域ごとに自立しており、地域ごとにカリスマ的な人物が存在している。資金の調達についても、各地域の実情に即した方法を取り入れて独立採算制を目指している。アルカイダは、いわば多数の教団の連合体に近い。二〇〇一年九月一一日の同時多発テロ事件が起きるまで、ビンラディンは決して有名人ではなかった。カリスマ性という面でも、イランのホメイニなどに比べると顔色がなかった。アルカイダの場合、ネットワークの各地域――イギリス、フランス、アメリカなど――の組織が教団としての構造を有しており、互いに他の地域組織と直接接触することなく自立し、インターネットなど最先端の技術を活用しながら活動している。

アルカイダの第二の特徴は、当初は軍事組織として発足したという点である。アルカイダはアフガニスタン戦争のさなかに形成された。そして、そのことは、その後のアルカイダの管理運営やイデオロギーに大きな影響を残した。当初の段階から秘密組織としての性格を持たざるを得なかったのも、軍事組織だからこそのことだった。PLOの中核組織「ファタハ」などは、ある時期に秘密のベールを脱いで政治的な組織に衣替えしたが、アルカイダは当初の姿を大方において今も継承している。アルカイダは生まれた瞬間から秘密組織であり、軍事組織だった。そして、その基本的な性格を今に至るまで持ち続けている。

新たなタイプのテロ活動が、従来型のテロ活動の流れと完全に断絶したわけではない。新たなタイプのテロ活動はゼロから生じたのではなく、むしろ従来型のテロ活動の要素を取り入れた〝ブレンド〟型だという見方もある。この点については、国際テロの専門家ジェラール・シャリアンも「従来型のテロの究極の姿だ」と述べ、テロの質的な変化ではなく量的な意味での躍進だという考えを示している。シャリアンによれば、自らの命を捨てることを前提とした決死作戦は決して新しいことではない。さらに、新たなイスラム共同体（ネオ・ウンマ）という構想も漠然として何やら舌足らずの感があり、現実性に乏しいユートピア志向という点では汎《パン》アフリカ主義や汎《パン》アラブ主義と大同小異である。

イスラム主義を旗印に掲げる活動家のグループで排他的な教団と共通点があるのは、必ずしもアルカイダだけではない。欧米における宗教団体の多様化と並行して、イスラム世界でも教団やテロ集団が次々に生まれた。そのなかには欧米を相手に武装闘争をも辞さない——時には自分たちのほうから積極的に攻撃に出ようとする——組織もある。これらの新たなタイプのテロ組織は、最先端の情報技術や地方分権型の経営管理方式を取り入れたり、活動資金を無税や税率の低い幾つかの国に分散させて損失を抑えたりするなど、さまざま対策を取っている。また、イスラムに改宗した欧米人を最高幹部に据えることもあるが、なかには高い地位を要求する欧米人もある。その結果、アラブ人が——あるいは、少なくとも欧米以外の国の出身者が——組織の中枢の地位を独占することはできなくなっている。その一例として、スコットランド出身のアブド・アルカーディル・アッスーフィー——本来の姓名はイアン・ダラス——が創設したムラビトゥーン世界運動［訳注　ムラビトゥーンは「辺境の地の人々」を意味するアラビア語］を挙げたい。この組織の政策面での責任者ウマル・イブラヒム・バディラは、金本位制に基づくイスラム通貨制度を設け、米ドルを基本通貨としている現在の国際通貨制度に対抗しようとした。欧米が独占している国際的な物流の流れを断ち切って、イスラム諸国を結ぶキャラバン隊を復活させようという狙いでもあった。要するに、彼らの言う「イスラム経済」の再建だった。また、ムラビトゥーンは、二〇〇一年から〇二年にかけてアメリカがタリバンに仕掛けてきた戦争が進行している間、すべての信奉者にタリバンを支援するよう要請した。そして、スキンヘッドの若者たちやイギリスの極右のメンバーたちにイスラムへの改宗を働きかけた。その主な動機は反米主義であり、反ユダヤ主義であり、利益重視の経済に対する反感であり、フリーメーソン思想［訳注　自己修練と友愛精神に基づいて世界の一体化実現を旗印に掲げた国際的〝秘密〟結社］に対する反感だった。

ムラビトゥーンと基本的な考え方を同じくする数多くの組織は、欧米の衰退と「民主主義の死」を予想していた。ムラビトゥーンの創設者イアン・ダラスの著書『イスラムと民主主義の死《イスラム・アンド・ザ・デス・オブ・デモクラシー》』は、退廃した世の中でイスラムだけは常に栄え、アラーへの信仰によって世界を開花させたと強調している。そして、さらに次のように主張している。「世界を二つに分け、一方をイスラム、もう一方――異教徒、不信心者、そして欧米全体――を無信仰者《カーフィル》と呼ぶ。欧米を衰退の道から引き戻すためには真実の宗教であるイスラムに立ち返り、アラーを賛美しなければならない。退廃した欧米は、イスラム以前の堕落と無知の時代と同じ状態にある。この状態を克服するためには、イスラムに帰依する必要がある。なぜ欧米の人々は堕落したのだろうか。われわれ人間は有限の存在であり、人間の肉体、生命、生理などは、現実を超越した別の世界に助けを求めないかぎり、絶望のふちに沈むほかない。しかし、そのことを欧米の人々は正しく理解していない」

イスラム世界そのものを統一しようという考えもある。その主な動きの一つは、一九二四年にケマル・アタチュルク［訳注　トルコの軍人・政治家（一八八一～一九三八）で、一九二三年から三八年までトルコ共和国の初代大統領。トルコ近代化の父と呼ばれ、政教分離政策を推し進めた］によって廃止された後継者《ハリーファ》の制度の復活である。シーア派の受け止め方は異なるが、少なくともスンニ派にとって、ハリーファはイスラム世界統一の宗教的な象徴であり権力統一の政治的な象徴でもあった。(3) アッバース朝の末期以降、ハリーファの実際上の権限は極めて限定されたが、かつての時代にハリーファのもとでイスラム世界の統一が実現されたという記憶は、スンニ派イスラム教徒の心に深く刻み込まれていた。それは、神聖ローマ帝国が——実際には、かなり以前に衰退して存在価値を失っていたにもかかわらず——中世ヨーロッパにおけるキリスト教世界の統一を象徴したのと同じような意味合いを持っていた。いずれにしても、ハリーファの制度の復活はイスラム世界の政治的な統一と宗教的な統一を象徴し、唯一神であるアラーのもとに参集した人々による単一の共同体だという意識を高めることに役立つだろう。この考え方は、近代になって再び勢いを得た。その傾向は、イスラム教徒が少数派を形成する欧米諸国で一九七〇年以降に顕著になった。その代表的な例は、イギリスの「勝利の政党《ヒズブ・アルタハリール》」と、トルコ人ジェマレディン・カプランがドイツで旗揚げをした「後継者の国《カリフシュタート》」である。

　ヒズブ・アルタハリールの幹部オマール・バクリはシリア人で、まずイスラム世界にハリーファの制度を再び導入し、次いでハリーファの権限が及ぶ領域を全世界に広げるべきだと主張している。一九八〇年代初頭に当時の西ドイツに移住したカプランも大同小異で、まずトルコにハリーファを置き、それを次第に世界中に広げていくべきだと考えている。当初、カプランの傘下に集まったのは、トルコ人の移住労働者が大多数だった。しかし、その後、労働者の子どもたちが成長して中産階級の生活を享受するようになり、次々にカプランの傘下に加わった。九一年、カプランは聖なる戦いの開始を宣言し、翌九二年には亡命政府を樹立し、さらに九三年には自らをハリーファに任命した。カプランは九五年に死亡し、息子のメティン・カプランがハリーファを継承した。メティン・カプランは、九九年、犯罪行為を教唆した容疑でドイツ警察に逮捕された。九〇年代を通じて、この運動は次第に過激な傾向を強めたが、この運動を推進したドイツ育ちの第二世代は大多数が大学教育を受けたエリートで、ハリーファの影響力を全世界に拡大する運動の先兵にならないかという誘いに乗る例も少なくないという。

ヒズブ・アルタハリールの場合は、ハリーファの問題よりも、むしろ目の前の出来事のほうがメンバーの反英感情を刺激している。大多数のイギリス人は、アフガニスタンにおけるアメリカの対タリバン政策を支持しているが、パキスタン系の人々は自分たちと同じパシュトゥーン人が中核を形成しているタリバンを支持している。指導者のオマール・バクリによれば、ヒズブ・アルタハリールはアメリカを含む二一カ国に支部があるという。一方、カプランの組織はトルコにある拠点を除くと大部分がドイツに集中し、もっぱらドイツとトルコに目を向けている。トルコ政府は、ドイツ在住トルコ人のイスラム組織がトルコの政教分離政策に対する反対運動を展開していることに関心を抱いている。これに対して、ヒズブ・アルタハリールは、イギリスとパキスタンの関係に強い関心を寄せているものの、活動をイギリスだけに限定せず、他の欧米諸国にも拠点を構えて幅広い運動を展開している。そして、アフガニスタンのタリバン問題に対するパキスタンのかかわり合いのほか、カシミールをめぐるインドとパキスタンの領有権争いなどにも目を向けている。

さまざまなタイプの登場人物

アルカイダのようなネットワーク組織に登場する人物は、五つの異なるグループに分けられる。第一のグループはビンラディンの周辺を固めるイスラム過激派の顔役たちで、アルカイダの発足当時からのメンバーであるエジプト人やアラビア半島出身者、パレスチナ人などのほか、アルジェリアやアフガニスタン、それにフィリピンと人脈のある顔触れも含まれている。第二のグループはアラブ系の戦士を中心にネットワークの中核を形成しており、アフガニスタンで戦ったあと母国に戻り、イスラム過激派としてジハードへの道を模索している。このうちの一部は欧米在住中に過激な行動に加わっていたことが分かっている。このグループの傍らに第三のグループがいる。彼らもアラブ系で、欧米に移り住んで過激な行動に加担している。彼らの特徴は、その大多数が欧米在住の期間中に洗脳されたことだ。第四のグループは移民系のヨーロッパ人――少数はアメリカ人――で、いずれもヨーロッパで教育を受けたあと、その場でアルカイダの思想に染まったり、パキスタンやアフガニスタンに滞在中にアルカイダと接触して洗脳された若者たちだ。そして、最後の第五のグループは、イスラムに改宗したヨーロッパ人――ここでも、ごく少数はアメリカ人――で構成されている。これらのグループの人々が過激な行動に走るモチベーションは、決して同一ではない。

ビンラディンの側近を形成する第一のグループについては資料も多く、かなり正確な形態が把握されている。

興味を抱かせるのは残りの四つのグループだが、これらのグループの実態に目を向けてみると、どのグループも伝統的な色合いには程遠いことが分かる。彼らは近代化の波に洗われ、大多数は高校や大学で勉強する機会にも恵まれ、数カ国語を話す者も少なくない。多くは欧米に長期間にわたって定住している。それゆえ、ビンラディンの側近グループと、残りの四グループのうちの最初の二つのグループに関するかぎり、なぜ近代化に揉まれた彼らがアルカイダのようなネットワークに引き付けられたのかについては、個人々々のモチベーションを探らなければならない。一方、最後の二つのグループ——つまり、移民系のヨーロッパ人と改宗者——に関しては、欧米における彼らの日々の生活を見ることによって、おのずから回答を得ることができる。

見方を変えて、ビラディンの側近——つまり第一グループ——以外の四つのグループのほうに再び目を向けてみると、アフガニスタンにおける対ソ戦の折にアルカイダに参加したアラブ諸国の若者たちは、近代的な生活に接することができないうえ独立国への道も程遠いパレスチナの若者たちに強い親近感を抱いている。

残るは最後の三つのグループ、ヨーロッパやアメリカでイスラム過激派のネットワークに加盟した非欧米系イスラム教徒のグループ、移民系のヨーロッパ人のグループ、そして改宗者のグループである。

中東からの新しい離散の波

フランスやイギリスで生まれた北アフリカや南アジアからの移民系の若者は、その社会のなかに自分たちの安住の場所を見つけることができない。「だから」と、彼らは言う。「どうしても活動的なイスラムのほうに引き付けられてしまう」と。彼らは欧米社会で人種差別の対象となり、移民の子だなどと後ろ指を指される。そこで、彼らは矛先を避けるため、ヨーロッパでも英仏以外の国に移り住もうとしたり、アメリカに移住しようとしたりするが、なかなか安住の地は見つからない。そして、その時点で最後に残る避難先はタリバンと肩を寄せ合うアフガニスタンしかない。これと対照的なのが、同じヨーロッパのイスラム教徒でも中東諸国の出身者で、彼らは離散のイスラム共同体を形成し、それなりに特異の性格を維持して暮らしている。

二〇〇一年九月一一日の同時多発テロで旅客機をハイジャックした一九人のうち、一五人はサウジアラビア人で、生活費などの面では何の不自由もなかった。彼らは近代的な教育を受けており、その大多数は欧米——ドイツ、イギリス、アメリカなど——に定住していた、彼らが行動を起こした動機は、ヨーロッパ各地に離散したイスラム系の若者たちの多くが遭遇する経済的な壁や人種差別とは関係がない。それ故、彼らのジハード志向の出発点を、社会から仲間外れにされているという意識に関連づけて説明することはできない。それならば、欧米社会に溶け込んで中流階級の——いや、なかには上流階級の——生活を享受することができるはずの彼らが、なぜアルカイダの道を選んだのだろうか。

すでに本書でも触れたように、アルカイダの傘下には多種多様なタイプの活動家がいる。しかし、どのような経過でアルカイダに参加したかという点と、どのような経過で欧米に滞在したかという点に目を向けて仕分けすると、活動家は三つのタイプに大別することができる。第一のタイプは、アルカイダとアメリカが緊密な関係にあったころ手を携えてアフガニスタンの共産主義政権を相手に戦い、政権を打倒したあとは各自の出身地に戻っていった活動家だ。母国に戻ってからの彼らは、ジハードについて前向きの情報を広めた。例えば、アルジェリアの場合、アフガニスタンで共産主義政権を相手に戦ったアルジェリア人を「アフガン人」と呼ぶが、そのアフガン人が「イスラム救国戦線《フロン・イスラミック・デュ・サリュ》（ＦＩＳ）」の兵員増強に貢献し、軍事クーデター後は「武装イスラム集団《グループ・イスラミック・アルメ》（ＧＩＡ）」の組織強化に貢献した。第二のタイプは、アフガニスタンを離れたあと、アルカイダのメンバーにとどまったまま欧米に定住した活動家だ。第三のタイプは、アフガニスタンでの戦争が終わるまでアルカイダとの結び付きはなかったものの、その後に同組織に加盟した活動家だ

　第一のタイプに属するメンバーは、一九八〇年代にアフガニスタンの共産主義政権を相手に行われた戦いの申し子である。一九八一年、アメリカのレーガン政権は、パキスタンやサウジアラビアと協力してイスラム戦士の育成に乗り出した。アルカイダとはアラビア語で「基地」や「基礎」を意味する［訳注　英語の「ベース」に当たる］が、その名称は、アフガニスタンで組織に加盟したボランティアのうち、母国の家族との連絡が途絶えて出自が明確でない要員の身元を特定するために、一九八八年にデータベースを作成したことに由来している。一九八〇年から一九九

〇年までの間に、ボランティアたちはパキスタンのキャンプで欧米の専門家によって訓練され、ソ連軍に対するゲリラ戦で活躍した。ボランティアたちは「アラブのアフガン人」、あるいは単に「アフガン人」と呼ばれ、ビンラディン配下のイスラム義勇軍を形成した。アフガン人は多人数で、おそらく数万人はいただろう。在アルジェのパキスタン領事館は、ソ連軍がアフガニスタンに侵攻したあと、アフガニスタンの共産主義政権と戦うために現地に赴くアルジェリアの若者に、二八〇〇ものビザを発行した。正規の手続きを踏まずに、イランやヨルダンを経由して現地入りをしたボランティアの数も多い。イギリスの軍事専門雑誌『ジェーンズ』によれば、ボランティアの総数は一万四〇〇〇人で、その内訳はサウジアラビア人が五〇〇〇人、イエメン人が三〇〇〇人、エジプト人が二〇〇〇人、アルジェリア人が二八〇〇人、チュニジア人が四〇〇人、イラク人が三七〇人、リビア人が二〇〇人、それにヨルダン人が数十人となっている。そして、これらの若者の大多数は庶民階級の子弟だという。

若者たちはアフガニスタンで出会い、現地で使われるパシュトー語やダーリ語を覚えて交流する。それまで、北アフリカのアラブ諸国の人々はフランスを介して接触していたし、中東のアラブ諸国の人々はイギリスやアメリカを介して接触していた。しかし、それよりも二世紀前までは、イスラムという共通の宗教を通じて密接に連絡し合っていた。やがて植民地支配の時代になって近代化が進み、独立後も欧米を見習って政教分離志向が次第に浸透していった。その影響もあって、イスラム諸国の目は欧米のほうを向くようになり、イスラム国家間の関係は軽視されるようになった。

一九八〇年代から九〇年代にかけてのアフガニスタンとパキスタンは、世界各地のイスラム教徒が欧米の手を経ることなく直接交流し、「悪」と戦うという共通の願望に燃える場となった。しかも、アフガニスタンで共産主義政権が隆盛を極めていたころは、欧米諸国――なかでも特にアメリカ――は、各地から参集した若者たちの交流を支援した。アメリカは、共産主義政権との戦いの陰で大多数の若者たちが欧米的な近代化の動きを「反イスラム的」と受け止め、それをキーワードとして結束を強めていることに気づいていなかった。

アメリカで暮らす離散のイスラム教徒

アメリカで活動し、二〇〇一年九月の同時多発テロに参加した若者は、大多数がアラビア半島出身のアラブ人だった。彼らは中東やヨーロッパからアメリカに渡ってきたが、少数ながら以前からアメリカに定住していた者も含まれている。例えばサウジアラビア人ハニ・ハンジュールの場合で、彼は一九九〇年代の大部分をアメリカで過ごした。

このテロに加わった容疑者の何人かに刑務所でインタビューした結果、ヨーロッパのアルカイダ支持者には見られない強い特徴を感じ取ることができた。彼らは、欧米文化が周辺の他の文化に及ぼす影響に危機感を抱いていた。野放しの男女関係、男同士や女同士の同性愛、家庭内のいざこざ、男性の権威喪失など、要するに、彼らにとって、欧米社会の道徳観の欠如と腐敗は目に余るものがあった。それだけではない。欧米がイスラム教徒を軽視して主導権を握ろうとしていることも、彼らにとっては問題だった。腐敗したイスラム政権を経由しての間接的な主導権であろうと、あるいは武器を手にしての直接的な実力行使であろうと、大きな不安の材料だった。イスラエルが欧米の積極的な支援を受けてパレスチナを支配していることは、この後者――つまり、直接的な実力行使――の悪質な性格を如実に物語っている。このように、欧米に対する不満の種は数多く、決して一過性ではない(4)。

欧米に移住してきた人々の多くは、危機に直面している母国を離れたい、あるいは高等教育を受けたいという人々で、自由な空気を求めると同時に、それまで近づくことのできなかった近代的な生活環境に没入したいと願っている。若者の多くは新しい社会に溶け込んでいく。しかし、自分の疑問や苦悩に対する答えを見いだせないでいる若者も少なくない。あれほどまで望んでいた近代生活も、ひとたび障壁の反対側に入ってみると『裸の王様』にすぎないではないか［訳注アンデルセン作の童話。バカ者には見えない衣服だと言われて何も着ないで町に出た皇帝を見て、子どもだけが正直に「ハダカだ！」と叫んだ］。その結果、母国にいたころ想像していた魅力は次第に失われていく。

幻滅を感じた数多くの若者たちが女性と結ぶ性的な関係は、しばしば出口のない壁に突き当たる。この若者たちの目に映るかぎり、欧米諸国では男女の間に的確な区別がなく、生活面における役割分担も均等割りになっている。このような社会で女性に誠実さを求めることなど不可能だ。男も女性化し、もはや男らしさなどという言葉は通用しない。しかも、互いに殻の内側に閉じこもりがちで、地域社会内部でのコミュニケーションさえ成立しない。一方では欧米世界の真っただ中に暮らして過度の自信を身につけ、他の一方ではイスラム世界に対する耐えられないまでの不公平な取り扱いに激しく反発する。

要するに、大多数の若者は移住先の文化や生活パターンに溶け込んでいく。しかし、残る少数の若者にとって、欧米社会はバランス感覚を失ったまま、その悪魔のような本性をむき出しにしている。一九世紀に世界各地で欧米諸国による植民地化が進み、現地の人々の心に白色人種の優越した立場を強く印象づけた。現時点で欧米諸国に定住している若者たちは、当時の植民地で白人の支配下に置かれた住民の子孫が多い。この若者たちは、かつて植民地支配者たちが植民地で見せつけた優越さに対して、支配者の母国でも強く反発している。欧米は不信心で、不可解で、高慢で、退廃している。しかも、とらえどころがない。道徳的に腐敗していながら目覚ましい進歩を遂げた。そして、その間、イスラム教徒は惨めな状態にとどまっている。なぜイスラム教徒は落ちぶれたのか。そのことについては、イスラム過激派の数多くの思想家が説明している。イスラム教徒の欧米依存と後進性はアラーが定めた正しい道から外れた結果であり、預言者ムハンマドがアラブ人社会をイスラム化する以前の退廃――つまり無知と怠惰――の状態に戻っているからだという。この考え方は、欧米にいるイスラム過激派の間に広く浸透している。しかしながら、本来のイスラムの姿からの離脱が退廃の原因ならば、現代の背徳的な欧米の物質面での進歩発展は何なのだろうか。これに対しては「欧米の進歩発展は、イスラム教徒などを奴隷のように使った結果だ」という、もっともらしい説明がある。その欧米の帝国主義的な手法はアラビア語では「イスティクバル」と呼ばれている。これは「高慢」を意味するアラビア語「モスタクバル」から来ているが、現在は他人のことよりも自分の快適な人生を重視するイスラム教徒や、欧米の悪にくみする人々などのことも意味するようになった。

フランスやイギリスで暮らす離散のイスラム教徒

入手できるデータや二〇〇二年の一月から五月までの間にパリ首都圏の刑務所でおこなったインタビューの内容から、このカテゴリーの若者たちの特徴を把握することができた。彼らの大多数は北アフリカのアルジェリア人の家庭かモロッコ人の家庭に生まれ育ち、フランスを定住の地として選んだ。イスラムに改宗したフランス人も何人か含まれていた。このフランス人改宗者たちに共通する特色は、例えば北アフリカ出身の移民を親に持ち、自分も親と同じようにフランス国籍を取得して平均以上の高等教育を受け、情報科学などの先端技術にも親しんでいながら、フランスでの生活で挫折感を味わったことである。大学を卒業した者も少なくない。要するに、彼らは中流階級の家庭に生まれ育ち、時には少し後退しながらも全体として成功への道を前進しているなかで、フランス社会における自分のアイデンティティーという問題に突き当たる。フランスは何をしたか。われわれを北アフリカの母国から根こそぎ引き抜いてしまった。しかも、われわれをフランス社会の完全な一員として向け入れようとしないではないか。これが彼らの目に映るフランスのイメージであり、不安感の原因でもある。その意味では、イギリス社会も大同小異だが、少なくともイギリスには「イスラム教徒の新たな共同体《ネオ・ウンマ》」が根を広げており、イギリス社会に一方的に吸い込まれることなく——いや、むしろイギリス社会に距離を置いて——イスラム教徒としての結び付きを強めている。フランスを離れてイギリスに長期間——時には数年間も

――滞在すると、無国籍のような感覚を身につけるようになる。そして、自分は大きなネオ・ウンマの一員であり国籍など二の次だという意識を持つようになる。そうなると、当然の結果として、彼らの同化に消極的なフランス社会との関係を絶ち、ネオ・ウンマの一員として生きる道を選ぶ。イギリスは、どちらの国にも――つまり、フランスにもイギリスにも――所属しないという二重否定のような感覚を持たせてくれる。イギリスという国は懐が深く、常軌を逸したイスラム系の若者たちがジハードを叫んでも、イギリス社会の治安維持に影響を与えないかぎり大目に見てくれる。

フランスに北アフリカ系移住者の流れを汲む若者がいるように、イギリスにもアジア系の移住者の流れを汲む若者がいる。インド・パキスタン系のイスラム教徒だ。イギリスに関するかぎり、こういった移住者の地域共同体は存在を認められており、他のヨーロッパ諸国よりも確かな足場を築いて、移住者たちが直面するショックを和らげている。地域共同体の存在が認められているうえ、移住者向けの支援制度もあることから、イギリスに移住して日の浅い人々も段階的に現地に溶け込んでいくことができる。そして、彼らよりも以前から地域に定住している同国人にも支えられて定着し、子どもや孫の時代に花を咲かせるための根を広げることができる。移民が形成する地域共同体の存在を等身大に認識しようとしないフランスに比べると、イギリスは制約が少ない。フランスは市民の一人ひとりが唯一の合法的な共同体である国家に忠誠を尽くすべきだとしているが、イギリスは移民の同化に成功するためには中間的な段階が必要だと主張している。段階的なステップを踏んだ同化でないと、移民は周囲と波長を合わせる暇もなく個人として新しい世界に放り込まれてしまう。そのような事態が起きるのを予防するために、地域共同体は移民の現地同化に努力し、移民が現地の法律を守るよう間接的に管理指導する。しかしながら、移民が何らかの理由で地域共同体に入らず、共同体の指導に従おうとしない場合もある。彼らは「不満を抱く若いイスラム教徒《ディスアフェクテド・ヤング・ムスリムズ》」と呼ばれており、地域共同体も彼らを同化できないし、社会全体としても彼らを十分に手なずけることはできない。その例としては、タリバンの指揮下に入ってアフガニスタンで戦死したリチャード・リードやアフザル・ムニールなど四人の名を挙げることができる。このうち、少なくともアフザル・ムニールはイスラム原理主義組織「移住民《ムハージルーン》」のメンバーだったと思われる。当時、ムニールは二五歳で、イングランド中南東部にあるルートンの大学で情報科学を専攻して卒業し、就職した。もう一人、同じ年のアフタブ・マンスールもルートンに住み、ムニールの両親の家から二キロも離れていないところで暮らしていた。ルートンのイスラム共同体は組織化が進んでいた。マンスールは大学入学資格試験に合格していた。彼は二〇年ほど前にパキスタンから移住してきた父親のもとで暮らしながら、パキスタンとイギリスの間を行き来していた。

ムハージルーンは、イギリスとパキスタンという二つの文化に挟まれて生きながら、現地のパキスタン系移民の地域共同体には溶け込めないパキスタン系イギリス人学生の気持ちを代表していた。彼らは、イラク問題にしてもパキスタンにとって身近なアフガニスタン問題にしても、イギリスがアメリカと緊密に協力してイスラム教徒を抑圧していることに悩んでいた。この組織に加盟する若者たちにとって、イギリス社会にパキスタン人が溶け込むことなど幻想にすぎなかった。溶け込むどころか、彼らはイギリス社会から突き放されていた。それは、目下の者として軽視されるだけにとどまらず、あまりにも現地のパキスタン系移民の地域共同体が「腐敗」しイギリス人に「妥協」し、パキスタン系の若者の心情をイギリス側に全く伝えられなくなっているからでもあった。こういった状況下で、若者たちは二つの面で脇役に押しやられていた。一つはパキスタン系の地域共同体のなかでの発言権であり、もう一つはイギリス社会に対しての発言権である。フランスの場合、若者が脇役に押しやられるのを防いでくれる地域共同体がないため、北アフリカ出身の若者のなかでも犯罪に走って刑務所に送られる例が少なくない(5)。欲求不満を解消するため、一部の若者はイギリスやアメリカ、カナダなどに逃避する。そのような場合、イギリス在住のパキスタン系移民はアメリカに行こうと考える。さらに、彼らはイギリス人の忍耐強さに悪乗りして、フランスのイスラム教徒が同じようなフランス批判をしたら犯罪と見なされるようなイギリス批判を声高に叫んでいた。一九九〇年代――特に、一九九五年――フランスはイスラム過激派のテロに悩まされたが、それはアルジェリアの軍部がイスラム主義者を抑圧するのを旧宗主国のフランスが黙認したことに加えて、イスラム主義者との間に妥協点を見出そうとしなかったからでもある。イギリスの場合は、アラブ系の住民の数が少なかったのに加えて、アルジェリアのイスラム主義者の影響も少なかったこともあって、異なる経過をたどった。たしかに、ごく少数のアルジェリア系イスラム主義者がロンドンに現れたが、それはパリに安住の地が見つからなかったため取りあえずロンドンに移ってきただけのことだった。いずれにしても、イギリスではフランスよりも言論の自由が幅広く認められていたため、イギリスがアメリカに協力すぎることに危機感を抱いたパキスタン系の若者たちは、イギリスの外交政策を大っぴらに批判し、アフガニスタンや中東におけるイスラムの大義に耳を傾けるべきだと強く主張した。しかし、多少の暴走はあったものの、アルジェリアのＧＩＡにつながる組織から圧力が加わるなどの動きが見られたフランスとは比較にもならなかった。

改宗者

いつの時代にも、改宗する人がいる。宗教のあるところ、改宗がある。自発的な改宗もあれば、強制される改宗もある。多少なりとも強制された改宗の例は、歴史を通じて事欠かない。しかし、近代になってからのキリスト教からイスラムへの改宗は、この宗教を信じたいという個人の意思に発していることが多い。その動機は多種多様だが、ある種の共通点があることも間違いない。その共通点を示すキーワードは〝現代性〟である。それまでとは異なる宗教を選択することによって、その人は新たな宗教に自分の心身を託すことになる。そして、それは現代に生きる者として自分自身の意思に従って選んだ信仰であり、親から受け継いだ信仰ではない。親から受け継いだ信仰の場合は個人々々の思いに関係なく、親から子へと形式的に引き継がれていく。新しいタイプの改宗者は、この古びた世襲財産を見直し、あらかじめ親から与えられた枠組みを離れて、自分に適した信仰を選ぶ出すことになる。

改宗者には、大きく分けて二つのタイプがある。改宗を機に自分自身の人生を見直すものの、政治に対する考え方は変わらないタイプと、改宗を機に自分の人生を見直し、それに伴って政治に対しても考え方を変えるタイプである。ここでは、第二のタイプに注目したい。このタイプの大多数はキリスト教からの改宗者で、フランスの場合はカトリックが最も多く、北ヨーロッパではプロテスタントが最も多い。アメリカでは、プロテスタントのほうがカトリックよりも多いようだ。今までのところ、ジハードに直接参加したアメリカ人は数人と見られている。その一人ワディ・アルハジはキリスト教徒のアラブ人で、アメリカでイスラムに改宗した。その後、彼はアルカイダに入ってジハードに参加したとされている。もう一人のアメリカ人ジョン・W・リンドはタリバンに入り、アフガニスタンで逮捕された。

フランスの刑務所で何人かの改宗者のジハード戦士にインタビューをしたが、そこからは彼らに共通する性格が読み取れた。例えば、イスラムに改宗したのは自分自身が個人として決めたことだが、同時にイスラムは個人という枠を脱却させる宗教でもあるという受け止め方である。すべてが個人の肩に掛ってくる現代社会にあっては、何事に関しても個人が要石になる。言い換えれば、個人としての存在を維持することは大変な重荷でもある。その中にあって、イスラムは個人の肩から重荷を取り去り、現実から超越させてくれる。こういった受け止め方は、一九九〇年代から二〇〇〇年代の初期にかけてロシアのチェチェンや旧ユーゴスラビアのボスニア、あるいはアフガニスタンなどでの活動に参加した欧米出身のボランティアに広く浸透している。また、この点について、チェチェンで対ロシア戦に参加したノルウェー人の改宗者をはじめ、彼らの何人かは証言を書き残している。

イスラムに帰依することは、男性と女性に割り当てられた役割の明確な区別を再発見する機会にもなる。イスラムに帰依することによって、男性は――そして、少数の女性も――平等主義の奥底に埋もれていた自分の存在意義に目を向け、自分が男であるか女であるかを見つめ直すことになる。これは何も過去に戻って昔ながらのイスラムのしきたりを復活させるという意味ではなく、自分自身の男としての――あるいは女としての――アイデンティティーを確認し、互いの役割を明確にすることにすぎない。イスラム世界でも女性解放運動は広がっているが、それは男女の平等よりも男女の役割の「補完性」の確立を重点目標に掲げている。一方、欧米出身の改宗者の間では、男女の役割の補完性などという慣れない問題を避けて通るためには、女性を「支配しよう」として不必要な摩擦を起こさず、成り行きに任せようとする傾向が強い。いずれにせよ、イスラム教徒の男性にはジハードに参加して殉教に至る道が開かれているが、女性に対しては今も閉ざされている。男性にとっては、この優越感が安定剤になる。イスラムに改宗した男性は宗教上でも生活面でもイスラム化して、イスラム教徒の女性と結婚する。彼らの目に映るイスラム教徒の女性は、欧米の女性のように権利を主張しないし、欧米の女性よりも「従順」である。ベールで顔を覆わなければならないことも、女性たちの役割やアイデンティティーが男性とは異なることを強調する結果となっている。

一方、キリスト教は、教徒が結束して強い力をバックに共同体を構成するという宗教ではない。キリスト教は弱い人々の宗教である。右の頬《ほお》を打たれたら左の頬も向けろ［訳注　新約聖書の「マタイによる福音書」第五章三九にイエスの言葉として「人が、あなたの右の頬を打ったら、ほかの頬も向けよ」と記されている］と説いているではないか。これでは弱さが目立ち、この教えに誇りを持って従うことは難しい。この点に関するかぎり、イスラムの聖典コーランは簡明で反論の余地がない。コーランは、何が正しく何が間違っているかを単刀直入に示している。一人の人物――アラーに仕える預言者ムハンマド――が正しい道を指し示し、イスラム教徒を神の道へと導く。キリストとは神の子であり、謎のように現れて人々の心を混乱させる。その点でも、ムハンマドはキリストと異なっている。イスラムの教えは単純であり合理的だ。してよいことと、してはならないことが明確に区別されている。合法的なことと不法なことが明確に仕分けされている。善と悪の間にも境界線が引かれている。このような境界線は、キリスト教にはない。明確に「このことは許されている」とか、「このことは許されていない」などと示すことは、改宗者に安心感を与える。キリスト教では不透明な部分が、イスラムでは透明になっている。キリスト教では複雑な部分が、イスラムでは単純になっている。要するに、イスラムは「人間性」を重視した宗教である。この対イスラム観は新しいものではない。すでに一八世紀には、ヨーロッパの知識人――それも、ゴットホルト・レッシング〔訳注　ドイツ啓蒙思想を代表する作家・批評家（一七二九～八一）〕のような名の知れた学者――が、イスラムを「自然の宗教」と呼んでいる。

ジハードに参加した改宗者のなかには、ごく普通の家庭で育った者もいる。フランスの場合、大都市の郊外に住んでいることが多い。彼らの周囲にいる若者たちのなかには、自分たちを仲間外れにしようとする社会を恨み、自分たちは犠牲者だと思っている者も多い。そして、社会に対する恨みは、同じ出自の若者でありながら欧米側に溶け込んだやつらに対しても向けられる。さらに、最近二〇年間にマスメディアが広げた「暴力的な宗教」というイスラムのイメージが、既存社会に対する反逆心に燃えている若者たちの目を引き付ける結果になっている。

女性は聖なる死から除外される

パレスチナでは、ここ数年来、女性が自爆攻撃に参加する例が見られるようになった。これに対して、イランの殉教者やアルカイダのメンバーに関するかぎり、こういった例は見られない。女性が殉教者の列に加わっていないのは、それが女性の希望だからというよりも、女性の殉教志願を強制的に禁止した結果だ。ただし、強制的に禁止したとはいえ、女性の側も大体において暗黙の了解を与えてきた。近代化した欧米社会で数年間を過ごしたアルカイダの支持者たちは、情報処理など最先端の技術を習得し、特にハンブルクなどでは工学の分野における最高水準の知識を身につけことができた。しかし、その一方で、男女間の関係になると欧米の風習に溶け込もうとはせず、常に一線を画している。イスラム教徒としてのアイデンティティーが明確に表れるのは〝家庭〟生活である。イスラム教徒にとって、男性と女性は補完し合う存在であり、決して同等の関係ではない。女性の使命は家族を永続させることである。一方、男性の使命は、女性に対して物質的な不足を感じない生活、品位を十分に保てる生活、そして何一つ不自由のない生活を保証することである。女性は家庭に入り、男性は公共の場所に出る。貞操と恥じらいは女性に、力強さを誇り家族の名誉を守るのは男性に……。こういった考え方は地球と同じくらい長い歴史を有しており、決してイスラム特有の考え方ではない。それが、なぜイスラム独特の風習のように受け止められるようになったのだろうか。近代化に伴って家庭生活の枠組みが激変し、何かにつけてイスラムを引き合いに出す人々の精神構造を混乱させている状況のなかにあって、男と女の役割に関する昔ながらの風習を頑固なまで維持しているからにほかならない。

イスラム社会の政治形態に変化をもたらそうとしている目まぐるしい動きのなかで、はたして男女間の関係は今後も不動だろうか。実は、この不動という認識そのものが間違っている。女性問題は、常に変化するイスラム社会にとって「アキレス腱」だ。イスラム文化にとっての理想は、女性を隠す文化であり、女性との雑居を避ける文化であり、男性と女性を隔離する文化だった。しかし、数多くのイスラム社会の実態は、いつの時代にも理想に程遠かった。例えば、部族の集落では女性も仕事を分担しており、女性を隔離したまま集団で移住したり家畜を移動させたりするのは困難だった。それでも、イスラムは表向き男女の間を隔離して女性を隠し、恥じらう女性と名誉を重んじる男性という理想を常に維持してきた。

現代社会における男女間の関係はどうか。かつては単に母であり姉か妹であり娘か妻であった女性が次第に個性化し、公共の場における役割を独占してきた男性の地位が揺るぎ始めている。しかも、イスラム社会の変化と急激な都会化に伴って、女性も就職して一定の収入を家庭に入れることが必要となった。イスラム共同体という強固な集団構造が崩壊し、互いに名前も知らないまま大都会の片隅に生きている人々にとって、もはや女性の恥じらいを守る仕組みは頼りにならなくなってしまった。さらに、イスラム系の中産階級が欧米社会と接触した結果、女性たちは社会進出への熱意を高め、人間としての権利を要求するようになった。女性たちが高等教育を受けるようになったことも、女性たちの考え方を変えた。社会における男性と女性のステータスが問題になるにつれて、男性は家庭で自分たちが果たすべき役割を厳格に守ろうとする。そうしなければ、個人々の存在が次第に薄れていき、共同体を昔のままの形で維持することは不可能になるからだ。こういった状況を目の前にした女性は何を考えているのだろうか。実のところ、女性たちの反応は必ずしも明確ではない。男女の役割分担をめぐる危機は、女性たちが社会的な分野や政治的な分野に積極的に進出した結果として生じた。しかし、女性たち自身も同じ社会の一員として伝統的な価値観の喪失に戸惑っている。家庭における家長の役割や権限をめぐる考え方も、その家庭に伝わる価値観に左右される。そして、その価値観の揺らぎは、その家庭に生まれ育った女性たちの心の琴線に触れる問題でもある。その結果、真正面から女性の人権認知を求める女性解放運動は次第に腰砕けとなり、それに代わって保守的な宗教人やイスラム原理主義者の台頭に伴って広まった——男女の役割分担や家庭のあり方をめぐる——新しい考え方と妥協しようとする女性の動きが社会に浸透するようになった。

近代化の方向に脱皮しようとしているイスラム社会が女性の参加を拒否している分野の一つに殉教がある。命を賭けてまで物事を成し遂げようとするのを女性に対して禁止することは、女性が砲火の洗礼を受けて名を上げ、個人としての存在感を示すことなど認めないということにほかならない。大義のために命を犠牲にすれば、その比類ない行為は当然のことながら周囲の人々に感謝される。そして、その女性は「勇猛果敢な個人」として祭り上げられる。ここまで来ると、女性が殉教に加わることを否認するのは、もはや政治的な動機よりも文化的な意味でのタブーとなる。

ジハードについても、いまだに女性の殉教は認められていない。その結果、女性は二級市民の地位に甘んじさせられている。自分自身の命さえも自由にできない女性たちは、男性の「保護のもと」に置かれる。そして、男性は〝聖〟の分野だけにとどまらず、その範囲を押し広げて〝俗〟の分野に至るまで女性の自決権を否認している。イランであろうとアルジェリアであろうとエジプトであろうと、あるいはまたアフガニスタンであろうと、女性の殉教を認めないということは、女性には――男性と異なり――生きるか死ぬかを自分で決める権利がないことを意味している。その結果、社会的な不均衡は維持される――いや、むしろ一段と強調される――ことになる。しかしながら、殉教者の神殿に祭られ、社会における女性全体の市民権を向上させ、男性と同等の尊厳を勝ち得たいと望む女性は少なくない。レバノンのヒズボラは、一時期、「女性の恥じらいは殉教者の血によって保証される」というスローガンを掲げていた。言い換えるならば、女性の社会進出を否認し、女性を男性の保護のもとに置くことの正しさは、男性が殉教者として流す血によって裏づけられるということである。聖なる死への道を選ぶことができない女性にとって、この考え方の正統性を争うことは至難の業である。

グローバル化した新たな想像の産物

ソ連帝国が崩壊したあと、さまざまな分野でグローバル化が一挙に進んだが、それよりもはるか以前にイスラム世界は、石油の魔力によって、ある種のグローバル化に参加していた。神秘に包まれた地下に眠る黒い黄金――つまり、石油――のおかげで、民主主義とは程遠い世襲のエリートたちが支配する国の金庫は世界中から集まってくる巨億ドルの大金で潤った。史上初のイスラム革命が産油国イランで実現したことも、一九七〇年代に石油価格の高騰でもうけた資金を投資して巨億の富を築いた人物の息子がアルカイダを創設したことも、決して偶然のことではない。こういった現象は、グローバル化の独り歩きを示す最初の兆しだった。人間の努力の結果ではなく、人間の力とはほとんど関係のない豊富な地下資源に恵まれた――つまり、石油の奇跡――というだけで、日々の厳しい現実を忘れさせるような豪華な生活が夢から現実に近づいてきた。専制政治の確立や宗教的な権威に対する圧力などに加えて、この現実離れもイラン革命の一大要因だった。技術革命や情報革命が、この傾向を一段と速めた。石油が一方の人々の欲望をあおり立てたとしたならば、同じ石油が他の一方の人々の心に不満を植え付けたとしても不思議ではない。首長が治める幾つかの小さな国が金持ち国になり、サウジアラビアはアメリカの言いなりになっている。しかし、それ以外のアラブ・イスラム諸国は、相変わらず貧困にあえいでいる。一九九〇年、イラクの大統領サダム・フセインがクウェートに攻め込んだが、アラブ諸国の間から激しい怒りの声は聞こえてこなかった。イスラムは何よりも――イスラム法に定める「喜捨《ザカート》」や所得に応じた「五分の一税《ホムス》」などを活用して――富を公平に分配することを意味している。そのことを忘れて、クウェートという小さな国が巨大な富を蓄積したのは不当だという受け止め方である。石油収入で裕福になった人々の思い上がりは、同じイスラム社会のなかで豊かさから取り残された人々の心を傷つけた。取り残された人々は、鼻高々の「恵まれた少数《ハッピー・フュー》」がイスラムの恥じらいと恩恵も無視して懐を豊かにし続けるのを、指をくわえて見ていることしかできなかった。

石油がもたらした富は、その富にあずかることができたかできなかったかで、中東諸国を明確に色分けした。そのなかで、サウジアラビアは長期間にわたって天の恵みを享受してきた。石油の将来に期待しているという点では、産油国から欧米に移住してきた人々も欧米の人々と変わるところはなく、どちらも消費志向が強い。中東から移住してきた人々も多くは職を得て一定の収入を確保し、近代生活の恩恵に浴している。とはいえ、よそ者扱いにされたり見下されたりする感じは変わらない。いや、中流階級――なかには上流階級――の生活を享受している人でも、欧米人からあからさまに見下されて苦々しい思いをすることがある。離散したイスラム教徒の殉教者の場合、テレビやインターネットで伝えられる「回線経由の仮想《バーチャル》の共同体」が判断材料として最優先される。大都会では移り変わりが激しく、すべては次々に消えていく。そのような大都会に住んでいると、社会的に――必ずしも経済的にではないが――邪魔者扱いにされる。そうなると、却って容易に意を決することができる。離散したイスラム教徒が声高く叫ぶ「高慢な欧米」は、当然の結果として、現実の世界よりもバーチャルの世界、デジタルの世界、抽象の世界での体験に結び付いている。

国家のために命を捨てる殉教者の場合、聖なる死は三つの断絶によってもたらされる。生と死の間の断絶、現在と未来の間の断絶、現世と天国の間の断絶である。これに対して、ネオ・ウンマの殉教者の場合は、彼ら特有の精神状態によって、この三つの断絶が和らげられて——いや、覆い隠されて——しまう。言い換えるならば、生と死の間には——実際の世界とバーチャルな世界の間の関係に似た——半継続性のような部分がある。同じように、現在と未来も近代都市の真ったただ中で一種の無重力状態で過ごしてしまう。なぜならば、近代都市は時間と空間に関する自然の法則を打ち破り、時間の観念を混乱させているうえ、現在を人為的に拡張して過去と未来を強引に引き込んでしまったからだ。リアルな世界がバーチャル化されたため、リアルな世界までが半ば夢幻の世界にスペースを明け渡してしまった。その結果、生から死への移行はスムースに行われるようになった。

国家のために命を捨てる殉教者の場合、死の恐怖を克服するためには、最後の週まで——いや、最後の日まで——殉教者に付き添う経験豊かな組織がなければならない。それは、例えばイランのバシジであり、パレスチナのハマスであり、アルジェリアのＧＩＡである。これに対して、離散したイスラム教徒のネオ・ウンマのために命を捨てる殉教者の場合、この役割は難しくない。組織が殉教者を支えなければならないのは当然だが、この組織は特別に経験豊富でなくてもよいし、むしろバシジやハマスなどに比べて柔軟性に富んでいるほうがよい。この種の殉教者の場合は、真の現実（現世）とバーチャルな現実（死後の世界）の断絶が大幅に和らげられているので、一方から他方への移行は決して困難ではない。それゆえ、国家のための殉教者の場合のように強固な支えは不要であり、最後まで親身になって付き添う必要もない。

国家のために命を捨てる殉教者は、自力で悲劇に立ち向かう。一方、アルカイダの殉教者は、ネットワーク、ケーブル、テレビ、デジタル回線などを通じて悲劇を体験する。情報伝達の分野における先端技術のおかげで、彼らは遠く離れた現実を間近に感じることができる。殉教者の苦しみはネオ・ウンマに向けて一方的に送られてきた悲壮な内容の情報に起因する苦しみなのだ。幻影のなかに生きるネオ・ウンマでは、一人ひとりが犠牲者に代わって行動を起こす。犠牲者を出した出来事の原因は、ニューヨークやパリ、ロンドンなどグローバル化した巨大都市に深く根を下ろしている。しかも、超現代的なデジタル技術のおかげで、貧困者が住むアルジェ市の郊外でも、ガザ地区の人口密集地帯でも、カイロ市の公害汚染地区でも、いまや同じ情報を手に入れることができるようになった。

おわりに

二つの異なるタイプの殉教が浮き彫りにされた。その一つは極めて古典的なタイプで、国家主権と表裏一体の共同社会の建設を願い、それが不可能と知ると聖なる死を選ぶ。それは、自分たちが現世を去ったあとの国家建設に貢献するためか、できるだけ多数の敵を道連れにするためにほかならない。

この古典的なタイプの殉教と並んで、もう一つのタイプの殉教がある。このタイプの殉教の狙いは、古典的なタイプのように単純ではない。自分たちの考え方に反対する悪の力を打ち砕き、すべての人々を救済するイスラムの普遍主義にのっとった世界共同体の実現を目指している。悪を代表するのはアメリカだが、アメリカ以外の欧米諸国も——アメリカほどではないにしても——悪の仲間であることには間違いない。この第二のタイプの殉教は、世界が東側と西側の二つのブロックに分かれていた時代が幕を閉じ、グローバル化の旗印のもとで国家に対する意識が変化し始めた今の時代の産物でもある。そういった時代の流れのなかで、いかなる役割をイスラムは持っているのだろうか。イスラムは、この危機感に包まれた時代の心のよりどころであり、時代の唯一の代弁者——ではないとしても、少なくとも主な代弁者の一人——としての役割を果たすよう期待されている。たしかに、数多くのイスラム社会が危機的な状況に陥っている。アルジエリアのように、独立の甘い汁は権力者が独占し、権力者の親から子へと引き継がれる国もあれば、中東地域のように、欧米帝国主義の手先とされるイスラエルの力を前にして屈辱感を味わっているイスラム諸国もある。また、ソ連の崩壊に伴って急激に台頭したものの、ソ連に代わる新たな植民地国家ロシアの帝国主義のゆえもあって、血を流すことなく独立独歩の道を歩むことのできないイスラム国家の例もある。

こういった現象が数多くみられることもあって、イスラムの重要なテーマである「ジハード」と「殉教」を引き合いに出すことによって十把一からげのように扱われ、個々のケースの特殊性は必ずしも解明されていない。この二つのテーマを引き合いに出せば、すべての人々の苦しみや悩みは普遍的に共通であり、動機は一つしかないと思ってしまう。ところが、一方に国家建設を叫ぶパレスチナ人やロシアに対する独立を主張するチェチェン人、それにセルビア軍の撤退を要求するボスニア人を配し、他方に欧米帝国主義の破壊に照準を合わせるアルカイダを配すると、この両者の間には天と地ほどの隔たりがある。アルカイダは、欧米の帝国主義を破壊して、それに代わる新しい政治体制を発足させようという――かつての左翼革命のような――具体的な構想があるわけではない。高慢で堕落した世界を打ち砕くことだけが目的であり、世界に通用する新たな体制を打ち立てることは視野に入っていない。

性格を異にする二種類の――一方は国家単位で、もう一方は国家の枠を超えた――現象が同時に発生すると、両者の間に結びつきが生まれる。しかし、本来の性格は変わらないままで、一方にとっての世界が国家の集合体であるのに対して、もう一方にとっての世界は生まれようとしているグローバルな秩序であり、その未知の秩序を切り開くのが新たなタイプの殉教なのだ。国家と国家の間の空洞や古い体制の崩壊で残された空洞には、新しい世界秩序が生まれる。そして、何が停滞しているか、誰も望んでいない事柄は何かなどが明らかにされるが、何を望んでいるか、それに代わる解決方法は何かなど前向きの事柄は見えていない。そうなると、第二のタイプの殉教は悲劇的であり、無駄でもある。なぜ悲劇的か。戦争――それも、宣戦布告もなければ何が問題なのかについて明確な説明もなく始まった戦争――に直接関与していない数千人の人々の死を伴うからだ。なぜ無駄か。欧米を完全に葬り去るのは世界全体が完全に崩壊しないかぎり不可能だからだ。欧米――これを西側諸国《オクシデント》と呼ぶのも不適切だが――は人類が入手した文化の一翼を担っており、その影響は欧米の人々だけにとどまらず、欧米を敵と見なす人々にも及んでいる。例えば「コーランは我々の憲法だ」とか「イスラムは完全無欠だ」、さらには「地上にもイスラム法を」といったスローガンは国家の枠内でなら有効だが、黙示録［訳注　偽名の作者によって書かれたユダヤ教・キリスト教の文書で、悪の破滅と神の国の出現を説いている］に描かれている世の終わりを告げるような場面を除いて、世界を相手にする場合は全く意味を失ってしまう。しかし、グローバル化したイスラムの活動家たちが求めているのは、そのこと以外にはない。

ここにおいて、次のような疑問が心に浮かんでくる。「自分自身を殺し、他人をも殺そうとする人々のグループを死にまで追いやる力は何なのだろうか」

近代都市、特に「ゲートウエー」などと呼ばれる大都市は、巨大であると同時に個性や特徴のない空間でもある。こういった都市では自己を喪失し、熱気と混乱に埋没して目標を失ってしまう。地域社会――例えば「チャイナタウン」など――の姿も目には見えているはずだが、その場に身を置くと目がくらむ思いがする。さらに、放縦なセックスに加えて、雑居生活や退廃的な生活に起因する同性愛も少なくない。その多くは移民だが、過度の急激な近代化に戸惑いを感じている人も少なくない。こういった大都市の片隅から新共同体《ネオ・ウンマ》への思いが次第に広がっていく。その思いは移民の出身地であるイスラム世界よりも強烈である。イスラム世界では、各個人は国の規制や古い風習にがんじがらめになって、全く身動きができない状態に置かれているからだ。エジプトの首都カイロでも、イランの首都テヘランでも、アルジェリアの首都アルジェの郊外にある貧しい地区カスバでも、さらにはパレスチナのガザ地区でも、反抗は起こり得るが、いずれの場合も個々のイスラム国家に対する反体制運動であって、グローバルな視点に立った運動ではない。イランのイスラム革命も、当初の狙いは世界中にイスラムを輸出することだったが、間もなく標的をイランの国家体制だけに絞ってしまった。イラン以外の国でイスラム革命の標的になったのは国家として機能せず危機的な状況にあったレバノンだけで、それも直接ではなく、現地のシーア派を媒体としたり過激派「ヒズボラ」に資金や物資を送り込んだりして、影響力の行使を図った。革命から数年後には世界制覇の夢は雲散霧消し、イラクとの戦争やイラン国内の反革命分子に対する弾圧などが当面の急務となった。イスラムの教えが普遍的に適用できることを意識し、国境を超えた新共同体《ネオ・ウンマ》の建設に没頭するためには、欧米の中心にあるグローバル化した大都市に身を置かなければならない。大都市には、すべてが集まっていると同時に、すべてが不安な状態に置かれており、互いに拒否反応を示したり文化がぶつかり合って誤解を生じたりしている。国境を超えたネオ・ウンマが生まれ、それに伴ってイスラムがグローバルな宗教に発展する可能性があるのは、辺境の地やイスラム諸国の片隅にある時代遅れの都市ではなく、ニューヨークやパリ、ロンドン、マドリード、ハンブルク、ローマ、ロサンゼルスといった大都市に限られる。ニューヨークの世界貿易センターを襲ったアルカイダのメンバーは、近代化の進んだ欧米の大都市での生活の裏表を知らないどころか、むしろ熟知していた。だからこそ、戦いを挑んだのだ。彼らは欧米がイスラム世界よりも本質的に優れていると思ったり、欧米に対して劣等感や恐怖感を抱いたりはしていない。一方では欧米社会の一員として近代化に参加し、もう一方では――少なくとも彼らの視点に立つかぎり――イスラムが世界に受け入れられないのを目の当たりにする。このように相反する事象が彼らの心の中でぶつかり合い、彼らを反抗へと走らせると同時に欧米に対する憎しみを増大させる。彼らにしてみれば、イスラムは邪険に扱われ、イスラム教徒は抑圧されているとしか思えない。欧米の狙いはイスラムを傷つけて辱め、イスラム教徒の尊厳を打ち砕き、欧米の不当な主導権を認めようとしない最後の砦《とりで》を破壊することにある。しかし、残念ながら、イスラエルのような人口の少ない（一千万に満たない）国が、一〇億人のイスラム教徒に横柄な態度で接していることも、イスラム教徒は現実として受け入れざるを得ない。かつては世界を席巻する勢いがあったイスラムだが、今では欧米の支配下に置かれている。しかも、イスラム教徒の心の痛みや、イスラム世界を後ろ盾にして欧米に接している人々の悩みに対して、何の敬意も示されず、憐れみの情さえも感じられない。しかしながら、このような状態に置かれているイスラム教徒も、ある意味では欧米の影響を強く受けている。彼らは決して近代化に乗り遅れたわけではない。経済的な面でも、彼らの大多数は決して仲間外れにされたり本流から押し流されたりしたわけではない。欧米人でも、イスラム教徒よりも貧困で、社会的にも経済的にも十分に溶け込めないでいる人々は少なくない。

欧米に在住するイスラム教徒が欧米に対する対立軸にしようとしているイスラムは、決して欧米と隔絶した別個の文明ではなく、グローバル化に向かっている新たな文明の日陰の側面にすぎない。欧米は、この新たな文明に向かって航海する船の船首像のようなものだ[1]。

殉教者や彼らが属しているイスラム過激派は、欧米社会のイスラム教徒のなかでも一握りの少数にとどまっている。しかし、彼らの過激な行為がイスラム教徒全体の責任にされるのは、この少数が極めて活動的だからだ。また、欧米側には「イスラム教徒は近代社会に溶け込むことも、個人として生きることも、法治国家に生きることもできないうえ、法のもとでは当然とされる平等——特に男女の平等——を受け入れて、複数政党制に基づいた民主政治に参加することも受け入れない」という見方もある。これと同じような問題は半世紀ほど前にカトリックでも論議を呼んだが、カトリックは民主主義的な運営方法を取り入れて問題の解決を図った。カトリックに可能だったことがイスラムには不可能だと結論づける根拠はない。ただ、そのためには、コーランの解釈に段階的な含みを持たせたり歴史的な要素を取り入れたりするイスラム神学者や、近代生活の風習や習慣を積極的に身につけようとするグループが動き出さなければならない。このうち、前者のイスラム神学者の動きは初期段階にとどまっているが、それでも、イラン、エジプト、北アフリカ、フランス、イギリス、トルコなどでは、新しいタイプの知識人がイスラム思想の変革に向けて動き始めており、イスラムと複数政党制に基づく民主主義が両立可能であることを示そうとしている。一方、後者の近代生活の導入に前向きに取り組んでいるグループの動きも軌道に乗っている。特に、本来のイスラム圏を離れて欧米を中心に世界各地に離散したイスラム教徒については、積極的な取り組みが見られる。イスラム諸国内部でも、前者と後者の両方が産声を上げようとしている。イランでもエジプトでもモロッコでも、イスラムと民主主義のかかわり合いを考える動きが高まり、イスラム過激派の威光が陰り始めている。今後、イスラム社会が民主主義に門戸を開くことを妨げるのは、中東紛争であり、カシミールをめぐる紛争であり、チェチェンをめぐる紛争だが、それに加えて、イスラム社会の懐深くに根を張っている利益第一主義で汚職にまみれた支配階級の存在も無視できない。支配階級は権力を独占し、急激に力を伸ばしている新興階級からの民主化要求をはねつけている。支配階級が経済や政治を一手に握っているかぎり、イスラム圏に民主主義が浸透するのは困難だろう。

殉教はイスラムの小児病ではなく、奪い取られた尊厳をイスラム教徒の手に取り戻すための手段なのだ。困難に突き当たり、責任を放棄して死への道に逃避することを覆い隠し、敵を死の道連れにするというささやかな——そして危険に満ちた——希望と気休めを胸に抱いてのことである。重要な問題が解決されないかぎり、いつの時代にも聖なる死への志願者が絶えることはないだろう。もっとも、重要な問題が解決された場合、志願者の姿が完全に消えることはないにしても、大幅に減ることは間違いない。平穏な社会にあって、わざわざ「今こそ殉教とは何かを理解し、身近に感じよう」などと声高に叫ぶ人はいない。聖なる死への道を選ぶ人は極めて少数で、ごく一部の狂信的な宗派の人々に限られている。社会の片隅に生きる狂信的な人々を完全に排除することは不可能だ。何しろ、彼らは活気に満ちた――しかし、不平等で不公平でもあり、そのアンバランスは社会構造そのものに起因している――近代社会から押し出された人々なのだから。

ヘーゲル［訳注　ドイツの哲学者（一七七〇～一八三一）］は考えた。「支配者と奴隷の対決は相手あっての戦いであり、死を意味するわけではない。なぜならば、奴隷が死んでしまったら、支配者が自分の絶対的な権威を認めさせようとしても、相手のいない独り相撲になってしまう」と。現代の殉教では、この枠組みが取り外された。つまり、たとえ死んでも、それがアラーの教えに沿った聖なる死であるかぎり、その意図は広く理解されるというのだ。まだ始まって間もない二一世紀だが、こういった考え方に染まって、聖なる死を形の上で模倣する行為が珍しいことではなくなる危険性さえ感じられる。

付記――人物像

ハルン・ファジルは、アメリカの諜報機関から、一九九八年八月八日にアフリカ東部のケニアの首都ナイロビとタンザニアの首都ダルエスサラームのアメリカ大使館を狙った爆破テロの首謀者として名指しされ、一二の殺人容疑で起訴された。彼は爆発物の専門家で、当時は二〇代だった。幾つかの外国語――特に英語やフランス語、スワヒリ語、アラビア語――に堪能だったという。しかも、昔ながらの風習に固執している融通の利かないイスラム教徒という感じでもなく、タリバンなどとは異なり欧米との接触を拒否するタイプでもなかったという。

アイマン・ザワヒリ博士は、一九五一年、エジプトの首都カイロに住む著名なイスラム教徒の家に生まれた。一九七八年、カイロ大学医学部で外科医の課程を終えて卒業した。一九八一年、ザワヒリは当時のサダト大統領暗殺にかかわった罪で三年の刑を言い渡されたが、出獄後の一九八五年にアフガニスタンに移住した。その間に、ザワヒリはエジプトの「イスラム聖戦団」のリーダーになり、さらに、一九八五年にはオサマ・ビンラディンと知り合いになった。一九九二年、ザワヒリはビンラディンを「新しいチェ・ゲバラ」と呼び、ビンラディンに同行してスーダンに渡った。ザワヒリは近代的な教育を受け、英語を体得している。

モハメド・アッタは、エジプトの著名な弁護士の家に生まれた。およそ過激派とは縁遠い、敬虔なイスラム教徒の一家である。彼はカイロ大学工学部で建築学を専攻するかたわら、英語とドイツ語を習得した。一九九二年、ドイツのハンブルク工科大学に留学して都市計画を学んだ。一九九七年、モハメド・アッタはビンラディンのグループに加わり、熱心なイスラム教徒としての毎日を過ごした。一九九九年から、同時多発テロの準備を始めた。

モハメド・アッタは二〇〇〇年五月に渡米し、ハンブルク時代の友人と一緒にフロリダ州で航空機の操縦士になるコースに参加した。九月一一日、アメリカン航空のボストン発ロサンゼルス行きの定期便が、ニューヨークの世界貿易センタービル北タワーに激突した。この旅客機を乗っ取って操縦席に座り、死の国に向かったモハメド・アッタは三三歳だった。

一九九三年二月二六日、世界貿易センタービルの地下二階の駐車場に仕掛けられた爆弾が爆発して上下六階に損害を与えた事件の首謀者**ラムジ・ユーセフ**は、一九六八年、パキスタン南西部バルチスタン州の出身でクウェート在住の一家に生まれた。一九八八年からアメリカで終身刑の判決を受けるまでの間、ラムジ・ユーセフはビンラディンのグループに加わって次第に洗脳されていった。

レバノン出身でアメリカに帰化した**ワディー・ハジ**は、一九六〇年、レバノン南部の都市サイダに住むキリスト教徒の家に生まれた。父親がクウェートの石油会社に勤めていた関係で、ワディー・ハジ自身も一時期クウェートで暮らしたことがある。家族の反対を押し切って、青年時代にイスラムに改宗した。その後、クウェートの豪族の後ろ盾を得て渡米し、一九七八年からファストフードの店で働いて学資を稼ぎながら、ルイジアナ州のラファイエット大学で都市計画を学んだ。一九七九年、ワディー・ハジはパキスタンに行き、隣国アフガニスタンのソ連軍や親ソ政権に対する聖戦《ジハード》に参加した。そのころ、彼はパレスチナ人で聖戦士《ムジャヒディン》支援組織の募集担当責任者シェイク・アズンと連絡を取り、ビンラディンとも知り合いになった。一九八五年にはアメリカに戻り、イスラム教徒で一八歳のアメリカ人女性エープリルと結婚した。（二人の間には、七人の子どもが生まれることになる）。間もなく、二人はエープリルの実家の家族とともにパキスタンに旅立った。パキスタンでは一家を挙げてジハードに貢献したが、一九八九年にはアメリカに戻った。この年、ワディー・ハジはアメリカに帰化した。一九九八年、アメリカ人の殺害計画に加担した疑いで逮捕起訴された。

イスラエル占領下のパレスチナで生まれたアラブ人でアメリカに帰化したIT技術者**ハリル・ディーク**は、パキスタンに行った。のちに彼の身辺で発見されたCDには、ゲリラ戦に関する百科事典が収録されていた。彼もビンラディンのグループとつながりを維持していた。

リチャード・リードは、一九七三年、ロンドン南西部に位置するブロムリーで生まれた。父親はジャマイカ人、母親はイギリス人である。リードは窃盗や麻薬の密売を行い、逮捕されて刑務所に送られた。そして、フランスで刑務所に送られた北アフリカ出身の若者と同じように、彼も刑務所でイスラムに帰依した。リードはザカリアス・ムサウィと同じブリクストン（ロンドンの貧民地区）にあるモスクに通った。ちなみに、イギリスで刑務所に送られたイスラム教徒の数は、一九九三年から二〇〇〇年までの間に二倍に増えた。(1) リチャード・リードはアブデルラハミンと改名し、イスラム過激派のグループに加入した。そして、パキスタンに旅して訓練場を訪れ、アルカイダのグループに加わって訓練を受けた。その後、アメリカ行きの飛行機の中で、靴底に隠していた爆発物を起動させようとして逮捕された。

リオネル・デュモンは、一九七一年、フランスのノール県に住む一家の八人兄弟の末っ子として生まれた。一九九二年にイスラムに帰依したあと、ジハードの考え方に共鳴した。リオネル・デュモンは一九九三年から一九九五年まで定期的にボスニアを訪れており、その間に武器密輸のルートを開拓したらしい。現地では、アフガン人を中軸とするイスラム教徒の部隊の一員として、セルビア相手の戦いに参加した。その後、ボスニア人の女性と結婚して自分もボスニア国籍を取得し、アブ・ハムザと名乗るようになった。

ジャメル・ロワゾーは、新聞報道によればアフガニスタン東部の山岳地帯で凍死した。二八歳だった。彼の父親はアルジェリア北東部の少数民族カビル族の出身、母親はフランス人だ。ジャメル・ロワゾーが熱心なイスラム教徒になったのは、兵役に服していた一九九〇年代の初頭だった。この点では、同世代の若者と変わらない。当時、若者たちが初めてイスラムに触れたのは、刑務所か軍隊でのことだった。彼と接触のあった人々の話によると、ジャメル・ロワゾーにはガールフレンドが一人いて、しばしばナイトクラブに出入りし、ポップ・ミュージックのファンだったという。しかし、真面目なイスラム教徒に転向してからは、毎朝五時に起きて朝の祈りを捧げるようになった。自宅での日常生活でもイスラム教徒としての戒律を厳格に守り、品格に欠けると思った写真や絵画は破り捨てたり解体したりした。これに怒った父親は、ついに彼を勘当した。家を追われたジャメル・ロワゾーは——ザカリアス・ムサウィと同じように——しばらくロンドンで暮したあと、一九九八年にサウジアラビアに向かった。それ以降、彼の消息は途絶えたまま現在に至っている。ジャメルの父親によると、ジャメルが狂信的なイスラム教徒になったのは、彼が親しくしていたベルビルのイスラム原理主義者の影響だという。ベルビルはパリの東端に位置し、北アフリカからの移民が数多く住んでいる。多くの信奉者と同じように、ジャメル・ロワゾーも「影響を受けやすい性格」の持ち主だった。二〇〇一年三月一一日、ジャメル・ロワゾーはロンドンのヒースロー空港から空路パキスタンのラホールに向かった。おそらくアルカイダの活動に参加するためだろう。

ザカリアス・ムサウィの人物像を見ると、ジャメル・ロアゾーと共通点が多い。ザカリアス・ムサウィは、一九六八年五月三〇日、フランス南西部のスペインと国境を接する漁港サンジャン・ド・リュズで、モロッコ人の未婚の母から生まれた。そして、一九歳のとき、イスラムの厳しい規律に引かれた。南仏ペルピニャンで電気部門の上級技術者資格を取得し、ペルピニャンの北のナルボンヌで電気関係の工場で働いた。一九九二年、英語をマスターするためロンドンに渡った。ロンドンでは、サウスバンク大学で国際経済を専攻するかたわら、イスラム関係の思想家たちと交わりを深めた。ザカリアス・ムサウィは、そのころロンドン中心部のリージェント・パークに接するベーカー・ストリートのモスクに通い、シェイク・オマール・アブ・オマール師に教化されたらしい。シェイク・オマールはパレスチナ出身でアブ・カタダの通称で知られ、彼のモスクには大勢のイスラム関係者が出入りしていた。イギリス——特にロンドン——は、初期イスラムの戒律を厳密に守ろうとする復古主義《サラフィーヤ》の考え方を浸透させるには持ってこいの場所のようだ。その後、ザカリアス・ムサウィはアメリカに向けて出発した。彼はフランス国籍なので、ビザがなくてもアメリカに三カ月は滞在できる。アメリカではオクラホマ州の学校で飛行機の操縦術を習得しようとしたが上達せず、操縦士の資格は得られなかった。二〇〇一年八月一七日、ザカリアス・ムサウィは不法滞在の容疑で逮捕された。アメリカ当局によると、ザカリアス・ムサウィは——もし逮捕されていなかったら——二〇人目のハイジャッカーになっていたのではなかろうかという。

カメル・ダウーディは、一九七四年、アルジェリアで生まれた。両親は二人ともアルジェリア人である。彼は四歳のときに両親とともにフランスに渡った。最初のころ、一家はパリ五区に住んでいた。カメル・ダウーディは聡明な子で、一七歳になって早々に「バックS（理科系大学入学資格試験）」に合格した。一般教養課程を終えたあとの一九九五年、パリ第六大学（いわゆる「ピエール・マリー・キューリー大学」）の情報工学の学士課程に進んだが、資格を取得する前に学業を放棄した。一九九六年と一九九七年、彼は連日のように外泊した。一九九九年、初めてイギリスに旅行している。その間、一九九八年三月には、パリ近郊アティスモンスの情報関連企業に見習い社員として採用されたが、長期欠勤を繰り返した結果、二〇〇〇年に解雇された。一九九九年三月、ハンガリー系ルーマニア人の女性と結婚し、しばらく一緒に暮らしていた。しかし、やがてカメル・ダウーディは単身で渡英し、イングランド中部の都市レスターから妻に手紙を送った。手紙には、彼女がイスラムに改宗することを拒否しているため結婚生活は続けられないと書いてあった。そして、九月二五日、イギリスで逮捕され、身柄はフランス警察に引き渡された。カメル・ダウーディは、ヨーロッパにおけるビンラディンの連絡係の一人ではないかと疑われている。

〔注〕

はじめに

（1） 世界のイスラム教徒のうち、一〇人中九人はスンニ派で、スンニ派の公的な学派として確立している四つの派のいずれかに所属している。一方、シーア派は幾つかのグループに分かれており、その主なグループとしては一二イマーム派とイスマーイール派がある。

（2） キリスト教徒の殉教に関する文献については、マルセル・スウィンヘドフ氏の協力に感謝したい。

第一章

（1） シャーフィイー派は、スンニ派の四つの公的学派の一つ。他の三つは、ハンバル派、マーリク派、ハナフィー派。

（2） 神秘的な地租税《ハラージ》は、ルイ・マシニョンの奥深い著作によってヨーロッパにも広く知られるようになった。

（3） 一九九〇年代以降、イランでは殉教が次第に軽視されるようになった。それは、そのころ新しく台頭した若い世代が——それより二〇年ほど前の親の世代の受け止め方とは異なり——もはや殉教に魅力を感じなくなり、保守派の抑圧的なイデオロギーに対して反発した結果である。

（4） 新しい理想的な世界という概念が、千年目に救世主が再来して地上に平和が訪れるという時流に乗って強く打ち出されたのは、日本のオウム真理教や一九九四年にカナダで集団自殺をした太陽寺院《ソーラー・テンプル》などイスラム以外の新興教団でのことである。

（5） アニェス・パブロフスキー著『ハマス——パレスチナ人の欲求不満を映す鏡』によれば、ガザ地区の出身で殉教者になったアンワル・スカルは、父親あてに書き残している。「僕が犯した間違いや言い争いは、すべて忘れてください。殉教者は家族のためを思い、家族が天国に行けるように願って行動しています。お父さんは教育を受けているから、そのことを知っているはずです」と。そして、妻あてには次のように書き残している。「君には苦労させたけど、すべて忘れてくれるね。アラーが君に子どもを授けるよう祈っているよ」

第二章

（1）統計の数字は慎重に受け止める必要がある。メヘディ・アマニ著『イラン・イラク戦争がイランの人口に与えた影響』（一九九二年八月発行）によれば、イラン側の損失は約五〇万人（そのうち一二万五〇〇〇が正規軍の兵員で、残りは革命義勇軍の兵士とバシジ所属の志願兵）で、戦傷者は一〇万人以上とされている。その後、この数字は引き下げられた。

（2）タレガニ、ホメイニ、バニサドル、モタッハリなども、さまざまな階層の人々に影響を与えたが、都会に住む若者に関するかぎり、シャリーアティーが演じた役割は比較にならないほど重要だった。

（3）受け入れたとはいえ、体制に対する反対運動の実施をあきらめたわけではない。しかし、反対運動は局所的な問題だけに目を向けがちで、体制側の足元を揺るがすには至らなかった。体制の危機を招いたのは反対運動ではなく、体制内部の権力争いや王の死後の後継者争いだった。

（4）唯一の例外は一八世紀の王ナデル・シャーの時代で、彼は必要に応じてシーア派をスンニ派の第五の公認学派とするという王令を出し、イランをスンニ派の国にしようとした。その結果、シーア派の聖職者や学者がイランからイラクに移っていった。

（5）確かに、中流階級の間では、知識人や法律家、あるいは人権連盟のような団体や全国大学教授機構などで形成する数多くのグループが、国王の専制政治に対する反対運動を推進するうえで重要な役割を果たした。この活動は、一九七七年一〇月、テヘランのゲーテ・インスティトゥートで開かれた「詩の十夜」集会で頂点に達した。この集会では、知識人や詩人が抑圧や専制政治を非難した。しかし、こういった運動は革命の機運を高めるには役立ったものの、結局は少数派の規模を超えることはできなかった。国王の支配に反対する最初の街頭デモを計画したが、集まった支持者の数は予想を大幅に下回り、足場の弱さを示す結果となった。

（6）　正式名称は「二〇万人規模の軍隊を編成するための動員《バシジエ・アルテシエ・ビスト・メリウニ》」。言い換えれば、革命体制を防衛するために呼び出される可能性のあるイランの若者の大多数が対象となる。

（7）　対イラク戦争当時、イランには二つの軍隊組織があった。イラン・イスラム共和国軍（正規軍）とイスラム革命防衛隊《パスダラン》（民兵組織）で、バシジは、パスダランの傘下にありながら独自の存在を誇示していた。

（8）　一九八一年六月、極左の幾つかの組織は革命政権と正面衝突して弱体化した。一方、国王支持派の軍隊は、イスラム革命が始まる前から幹部が国外に亡命したり内部の粛清が行われたりした結果、その運命は革命の初期の段階で定まった。中産階級の政治団体は国王の政権による締め付けで活動が鈍り、イスラム革命の進行を目の当たりにしながら、その時流に乗ることができなかった。

（9）　バシジは約四〇万、パスダランもほぼ同数、正規軍もそれに近い数の兵員を擁していた。これが、イラクと戦ったイラン側の兵力だった。

（10）　彼らには、イランの通貨で五～八〇〇〇トーマーンの報酬が支払われていた。しかし、複数の為替レートを使用している国のことだけに、この金額がドルやユーロで幾らに相当するかを正確に換算することは不可能である。ただ、当時の中堅公務員の平均月収に相当する金額であることは間違いない。

（11）　殉教者財団はバシジを資金面で支える大黒柱であると同時に、戦費を分担している幾つかの機構の総元締めでもある。同財団は膨大な資金源を抱えており、イラン経済の大立者として君臨している。同財団には五五の下部組織があり、そのうちの五つが産業部門、一一が牧畜・農業部門の組織で、さらに、道路や建物の建設部門の企業が一四社、金融部門の企業二六社が同財団の傘下に入っている。

(12) ある一般市民の家庭では、息子が弾圧を担当する機関「委員会《コミテ》」に入り、二歳か三歳年上の娘は「聖戦士《ムジャーヒディーン》」運動に参加した。イスラム革命の進行中、このような例は少なくなかった。

(13) アパートを格安で買うこともできたし、シリアやリビアへの旅行も可能だった。旅費はドルで——しかも、公的な為替相場の数倍の交換率で——支給された。戦争中、ドルの交換率は人工的に低水準に固定されていた。しかも、そういったドルを利用できるのは限られた範囲の政府関係者だけで、彼らは特権を活用して短期間のうちに金持ちになった。こういった特権階級以外の人々は、自由市場の相場で外貨を入手しなければならなかった。対イラク戦争が終わったころ、ドル相場は革命前の二〇倍に高騰していた。

(14) 一世代前からテヘランの郊外に住んでいるアラク出身の家族の例を挙げよう。この家族と同じような例は、連日のようにマスコミで報じられている。この家族の場合、五人の息子のうち二人は殉教者となり、三人は前線で重傷を負った。一人は肩の骨を砕かれ、もう一人は背骨を折って下半身が麻痺《まひ》してしまった。そして、残る一人は両足を切断した。一方、父親は一九八七年に自ら志願して前線に出た。

(15) 殉教者の人数について、地域別や市町村単位で作成された正確な統計はない。それゆえ、この点に関する分析は、個別の観察結果に基づいて行うか、殉教の動機や経過などについての資料に基づいて行う以外に有効な方法はない。

(16) 大ざっぱに見て、パレスチナ人は一人当たり一日に七〇リットルの水を使うことができる。これに対して、入植地のユダヤ人は一人当たり一日に三五〇リットルの水を使うことができる。なお、入植地に住むことができるのはユダヤ人だけで、たとえイスラエル国籍を持っていても、アラブ系の住民が入植地に居住することは認められていない。

(17) この点に触れた殉教者の遺書も多い。表現は宗教的だが、彼らの実際の生活環境と照らし合わせると、その悲壮な思いが伝わってくる。インターネットのサイトwww.palestine-info.org に、彼らの遺書が英文で掲載されている。

(18) しかしながら、少数派とはいえ、その数は割合に多いのではなかろうか。第二次インティファーダ以降、約四万人のパレスチナ人の若者が占領地を離れたと思われる。

(19) アラブ語の「生きている殉教者《シャヒド・アル・ハイイ》」と同じように、イランのペルシャ語にも「生きている殉教者《シャヒド・エ・ゼンデー》」という表現がある。しかし、イランの場合は、聖なる死を目指して対イラク戦争に参加したものの死に至らず、身体の一部を失うような重傷を負った者を意味している。

(20) パレスチナ人の人間爆弾がイスラエル社会に衝撃を与えるたびに、イスラエルでは右翼への支持率が高まる傾向がある。二〇〇三年、アリエル・シャロンの率いる右翼寄りのリクード党が、エフード・バラクの率いる左翼寄りの労働党に大勝したのは、その代表的な例である。その一方、イスラエル政府は、アメリカ政府の特使や密使を通じての和平交渉を延期しようとするたびに、ハマスやジハードの幹部を消そうとする。それに対して、パレスチナ側が反撃に出てくることは確実であり、当然の結果として人間爆弾が突っ込んできて死傷者が出る。世論は和平反対のほうに大きく揺れ、和平交渉の無期延期が正当化される。

(21) ドイツの哲学者ヘーゲルが著書『精神現象学』で紹介した主人と奴隷の論法を裏返した説である。ヘーゲルによれば、奴隷を死に至らしめた結果、主人は相手を失い、主導権も失ってしまう。それゆえ、主人は何が何でも相手を生かしておこうとする。主人は奴隷に対してだけ主人なのであって、主人として誇りを維持するためには奴隷の存在が不可欠なのだ。ヘーゲルの説には一つだけ欠けている点がある。それは、相手が死亡すると、主人は気落ちするどころか、絶対権力を手にしたように思うようになり、立ち居振る舞いまでが勢いづくことだ。そうすると、まるで自分が全知全能の神に近づいたような気持ちになり、この行為を繰り返したいと思うようになる。ただし、奴隷に対する主導権を維持するためには、奴隷の〝在庫品〟――それも、思いのままに増やしたり減らしたりすることのできる在庫品――が必要だ。在庫品さえあれば、支配者は被支配者を消滅させることによって優越感に浸ることができる。

第三章

（1）　彼らのうちの何人かは、未決のまま警察の留置場に拘束されていた。また、他の何人かはアルジェリアにおけるテロ活動にかかわっていた罪で有罪判決を受けたあと、アルカイダとの関係を疑われて再度の裁判を受けることになっていた。彼らの姓名は伏せられている。その理由は説明するまでもない。

（2）　タミル人が「人間爆弾」という戦術を使い始めたのは一九八七年で、やがて一九九一年のインドのラジブ・ガンジー首相の暗殺と一九九三年のスリランカ大統領暗殺に結びついた。事件の当事者の三分の一近くは女性で、その多くが妊婦を自称していた点は注目に値する。

（3）　シーア派の場合、アリーが預言者ムハンマドの後継者を意味する「ハリーファ」になったが、この就任は必ずしも合法的ではなかった。ムハンマドの死後、初代のハリーファに指名されたのはアブ・バクル（在位六三二〜六三四）であって、ムハンマドのいとこで娘婿のアリーではない。アリーがハリーファになったのは、ウマル一世（在位六三四〜六四四）とウスマーン（在位六四四〜六五六）の次である。その後、歴代ハリーファとその権威を代行するオスマン帝国の君主は、しばしばシーア派を社会不安の要因と見なして抑圧した。急進的なシーア派の一部には、イスラムの統一と政治面での一体化を求める動きもあったが、それは必ずしも目の前のハリーファに向けたものではなかった。

（4）　ある拘置所に出入りしているユダヤ教の聖職者が打ち明けてくれたことだが、その拘置所に拘束されている北アフリカ系の何人かの容疑者は、二〇〇二年三月以降、彼の姿を見ると「けがらわしいユダヤ人」という態度をあらわにしたという。それは、占領地におけるイスラエル軍の行動が連日のようにテレビで報じられるようになった時期に合致する。テレビニュースは、拘置所内で接することができる唯一の情報源だった。

（5）郊外の貧しい地域に多数の移民が住んでいる大都市（リヨン、マルセーユ、メス、リールなど）で拘束されている者の七〇％近くは、本人が北アフリカ生まれか、北アフリカ系の家庭に生まれたかのどちらかである。

おわりに

（1）これを、さまざまな性格を併せ持っている近代性の一つの側面と見ることもできる。ただし、それが近代化を推進するための一つの方法なのか、それとも近代化した社会の暗い部分なのかを見極める必要があるのではなかろうか。

付記

（1）ジェームズ・A・ベックフォードとソフィー・ギリアトの共著『獄舎のなかの宗教』（一九九八年、ケンブリッジ大学出版部発行）によれば、拘束されたイスラム教徒の数は、一九九一年から九七年までの間に八六％増加して、一九五九人から三六九三人になったという。

解説——宮田　律

自爆攻撃はイスラムを信仰する人々の間で他の宗教の信徒たちよりも突出して多く見られる現象になっている。自爆攻撃の多さによって、他の宗教世界のイスラムへの見方も変わった。特に日頃イスラムとは関係の希薄な日本では、イスラムは「暴力的な宗教」「奇怪な宗教」という見方が定着してしまったのではないか。

対テロ戦争を経て、自爆攻撃は地域的にもいっそう拡散するようになった。対テロ戦争の舞台となったイラクやアフガニスタンでは、自爆攻撃はアメリカ軍など外国の駐留軍への攻撃、あるいはアメリカがこれらの国でつくろうとした秩序をかく乱するのに有効と考えられるようになった。アフガニスタンでは、一九八〇年代の対ソ連戦争中にも見られなかった自爆攻撃が二〇〇〇年代の後半になって頻発するようになった。

イスラムでは自殺は禁じられているが、イスラム過激派は、自爆攻撃はイスラムの敵に対する聖戦の手段で、イスラムという宗教に殉ずる行為であり、それによって天国に迎えられると考えている。

イスラム過激派の自爆攻撃が最初に見られたのは、一九八二年のイスラエル軍のレバノン侵攻後にレバノンに駐留する外国軍に対して行われたものだった。レバノンのアメリカ軍は、シーア派と軍事的に対立するレバノン政府軍や、それに協力するドルーズ派（イスラムの一派。悪人は豚に転生することを説くなど正統派からは異端と見られる）に支援を与えるようになった。このように、アメリカ軍がレバノンの内戦に深く関わるようになると、シーア派武装組織のアメリカに対する暴力行為も次第にエスカレートしていくことになる。

一九八三年一〇月二三日にアメリカの海兵隊の兵舎とフランスの落下傘部隊の司令部に対する同時多発的な自爆攻撃が発生し、アメリカ軍二四一人が、またフランス軍五八人が亡くなった。同様な攻撃は一一月四日にレバノン南部のシドンにあったイスラエル軍の軍政施設に対しても行われ、三六人が亡くなった。こうしたシーア派による自爆攻撃はレバノンにおける多国籍平和維持活動の枠組みを崩壊させ、実際にアメリカ軍など外国軍のレバノンからの撤退を招いた。

レバノンから外国軍が撤退したことは、イスラムの信仰の勝利と考えられるようになったが、レバノンのシーア派組織と同様にイスラエルを敵視するパレスチナのイスラム原理主義組織であるパレスチナのハマス、「イスラム聖戦」もまたイスラエルの過酷な占領政策を背景にして、絶望感や憤懣から自爆攻撃を行うようになり、一九九〇年代前半にあったイスラエルとパレスチナの和平ムードを一挙に吹き飛ばし、分離壁の建設などイスラエルのパレスチナ人に対するいっそう厳しい方策をもたらした。

九・一一後の対テロ戦争開始によって、自爆攻撃はイスラム世界に広く拡散していくようになった。ブッシュ大統領は二〇〇三年五月に「イラク戦争終結宣言」を行ったが、しかし同じ月にサウジアラビアのリヤドで五件の自爆攻撃が連続して発生した。二〇〇六年にアフガニスタンでは、タリバン兵を含めて四〇〇〇人余りのアフガン人が亡くなった。そのうちのおよそ七〇〇人が八〇件の自爆攻撃の犠牲となっている。アフガニスタンでも自爆攻撃は確実に相手に犠牲や損害を与えることができる手段として考えられている。

サダム・フセイン政権崩壊後にイラクで頻発した自爆攻撃は、かつてないほどの規模や回数で行われた。自爆攻撃者たちの国籍が明らかではなかったことも、イラクがグローバルなイスラム過激派が活動の大義を見出す舞台となったことを表していた。イラクでの自爆攻撃の多さは、アメリカ軍や多国籍軍がイラクの治安を十分維持できないことを示すもので、対テロ戦争の失敗を国際社会にまざまざと見せつけることになった。イラクでは二〇一〇年三月の総選挙後も政権内部に入れないスンニ派による自爆攻撃が頻発している。

さらに、イスラム世界では、女性も自爆攻撃を行い始めた。二〇一〇年四月に起きたロシア・モスクワでの地下鉄爆破事件は、二〇〇九年にロシアがチェチェン戦争の終結を宣言したものの、チェチェン人の女性が自爆攻撃を行ったことによって、チェチェン問題が決して解決していないことをあらためて示した。チェチェン人女性による急進的組織「黒い未亡人」は、チェチェン紛争で夫を殺害された女性たちがロシアへの復讐を考え、自爆攻撃をすることもいとわない。社会的役割は男性が担うとされているイスラム世界で女性の自爆攻撃は歴史的にも異例のことで、それほど彼女たちのロシアに対する怨嗟の感情が強いということだが、自爆によるテロは女性の間でも共感を得られるようになっている。

このように、自爆攻撃は、その数をイスラム世界でますます増加させるようになったが、それにも質的変化があったことを本書は教えている。本書では、自爆攻撃をイスラムの宗教思想や、信徒の心情的な受け止め方、また自爆攻撃の思想を形成していった聖職者やイデオローグの考えに触れ、イスラムの思想、あるいはグローバル化といったムスリム（イスラム教徒）を取り巻く国際的環境の変化の観点から自爆攻撃の背景を探る画期的ともいえる内容となっている。

自爆攻撃は、特に現代のイスラム世界においては、国家のためにではなく、自分たちの考えとは相いれない悪の勢力（特にアメリカや西ヨーロッパ諸国）に対して行い、人々の救済を考えるイスラム共同体の創設を考えるものとなっていると著者はいう。この新しい形態の自爆テロの本質や背景も本書では特に明らかにされている。

著者は、まずイスラムの「殉教」について触れ、殉教とはアラー（神）の教えを認めようとしない敵と戦った結果としての死だとする。もしアラーの戦士が敵を殺害するならば、戦士はアラーから褒賞を与えられ、彼が命を落としたならば、戦士は天国に居場所を与えられる。そしてこの殉教は戦場で敵によってもたらされたものである。イスラムにおける「殉教」とはアラーの教えを危険に陥れる異端者や不信者に対して正当な暴力を振るうことを積極的に行うことを意味する。

イスラム過激派による「ジハード（聖戦）」は異端者と戦うために自己犠牲を強いるものであるが、その概念はイスラムの聖典である「コーラン」の中に記されている。イスラムでは「攻撃されたものは自らを守ることが許される」という「専守防衛」が正当化され、近年多発する自爆攻撃は防衛のための有効な手段と考えられるようになった。

この「殉教」の考えにも、イスラムのスンニ派、シーア派という宗派間で相違がある。イスラム世界の多数派（九割ぐらい）であるスンニ派では「殉教」よりも「ジハード（聖戦）」のほうが重んじられる。他方、シーア派が「殉教」を重視するのは、シーア派成立の歴史的経緯によるもので、シーア派の成立後間もない同派の二代、三代の最高指導者（イマーム）たちは、ウマイヤ朝のハリーファたちに殺害された。

特に三代目のフサインの殉教を悼む行事はアーシューラーといってシーア派教徒たちは自らの体を鞭や鎖で打って行進を行う。このようにシーア派には殉教を尊ぶ傾向があるが、レバノンで自爆攻撃を始めたのがシーア派教徒であったことも著者の殉教に関する説明からうなずける。

シーア派が主流であるイラン出身の著者のシーア派に対する分析は、緻密で、奥行きが深い。イラン革命にいたる政治変動の中で思想的リーダーであったモルタザー・モタハッリやアリー・シャリーアティーの思想にも言及する。シーア派の聖職者であったモタハッリは、現代における殉教を理論化した人物だ。彼は、アラーのために殉教を行った結果、周囲の人々が「善」の環境で暮らすことになるために、殉教者の体は清らかになると主張する。こうした彼の考えがイラン革命を推進した一部の人たちにある種の勇気を与えることになった。

モタッハリは、イスラムの初期の時代に殉教に身を投じることは喜びだったと主張していた。イランのイスラム革命では、このモタッハリに影響されて、「殉教者として死ぬ」ことが革命へと人々の精神を高めていくことになり、革命を支持した人々は体制側の暴力にひるむことなく抵抗していった。この殉教のためには死の恐怖を払拭しなければならないが、そのためイスラムの教義を吹き込んだり、暗示を与えたりして洗脳することが自爆攻撃の思想的訓練となっていく。

イラン人である著者は、イランのイスラム共和国体制にも厳しい視線を向けている。イスラム革命後の混乱、イラン・イラク戦争、また革命で目指したユートピアが実現できなかったことなどで、革命を待望した世代は、失意の下に置かれ、景気の後退、イランから外国への頭脳の流出、戦争の惨禍、腐敗にまみれた政治エリートの出現などの問題に直面せざるをえなくなった。イスラム共和国の政治エリートは、自らを犠牲にして、他者の利益を考えるのとは対極にある人々だと著者はいう。

政治や経済、社会の閉そく状況を打破しようとする改革派の運動を力で封じ込めようとするイラン政府は確かに著者の指摘する通りだろう。「虐げられた人々」を救済するという革命の理想はどこかに消え失せてしまった。そしてイランでは革命成立当初にあった殉教を重んずる風潮もなくなった。

ところで、自爆攻撃を行うイスラム過激派、あるいは穏健なイスラム原理主義者たちも、「イスラム国家」の創設を主張するようになっている。その背景にはグローバル化があると著者はいう。欧米世界に移住していった少数の急進的な考えをもつムスリムたちは社会や文化的疎外感を覚え、極端な思想に走るようになった。異教の世界の中で暮らすムスリムの人々の中には不信心者の社会と自らを断絶させて、自分は純粋であり続けたいと考える者たちがいる。アルカイダのネットワークは国家に依存することなく、組織の目標を支持する個人に頼っている。こうした人々は日常生活の中で、経済的に困窮し、社会的疎外感を体験し、また欧米社会につかると、心まで汚染されると考えているというのが著者の主張である。

著者はヨーロッパで暮らしており、ヨーロッパのイスラム教徒たちへの観察に習熟している。自らの体験に基づいてグローバル化の中のムスリムの意識の変化を読み取っているに違いない。ムスリムたちは、ヨーロッパで味わう社会的差別などのコンプレックスを信仰の勝利によって晴らしたいという思いをもっている。イスラムは「高慢ちきなヨーロッパ人たち」に苦しめられている人々のための宗教となった。ヨーロッパで疎外されたムスリムたちは、国境を越えたイスラムの新しい共同体（本書では「ネオ・ウンマ」と表現されている）を創設することを目指しているが、これは貧困や抑圧の下に置かれた中央アジアや東南アジアなどイスラム世界でも広範に見られる現象となっている。

著者は、「アルカイダ」を世界的規模の組織としつつも、アルカイダの活動は現地の判断にゆだねられているとする。確かにアルカイダはアメリカ政府が主張するようなオサマ・ビンラディンを頂点に活動するような組織ではなく、個々に拠点を設けて活動を行っている。また、北アフリカや南アジア出身のムスリムは人種差別の対象となっているために、英仏以外のヨーロッパの国やアメリカに移住しようとするが、それも円滑にいかず、アフガニスタンに行かざるをえないという。現代のグローバルなイスラム過激派の性格の本質をつく分析といえる。

著者が言うように、自爆攻撃とはイスラム教徒が奪いとられた尊厳を自分たちに取り戻すための手段となり、どうしようもない困難に突き当たった彼らが敵を道連れにしてイスラムの「崇高な理想」を訴えたいというささやかな希望を表している。イスラム教徒を追い詰める深刻な問題が解決されない限り、自爆攻撃という形態の暴力は消滅することはないだろう。著者が指摘する通り重要な問題が解決され、自爆攻撃者が減ることはあっても、自爆攻撃の考えは残り続け、その意図は広く理解されるようになっている。現代のイスラム世界はまさに「パンドラの箱」を開けてしまったのだ。

（みやた・おさむ、静岡県立大学准教授）

訳者あとがき

一九七九年二月二二日、イランに四〇日近く滞在してイスラム革命を取材していた私は、革命後の民間航空の定期便としては再開第一便となるエールフランス機でテヘランを離れ、パリに向かった。チェックインは出発予定時刻（午後一時）の六時間前の午前七時。午前六時に空港に到着すると、行列は既にターミナルビルの外まで続いていた。牛歩で前進し、正午過ぎに出国手続きやボディーチェックを終えてジャンボ機に乗る。午後一時、出発直前、銃を抱えた数人の若者が機内に現れ、乗客全員の旅券を再点検。それも無事に済んで、午後一時半ごろエンジン始動。離陸と同時に機内は割れるような拍手に包まれた。

イランでは、革命勢力の若者に銃を突き付けられたほか、私を含むＮＨＫ取材団が泊まっていたホテルの廊下の窓に銃弾（流れ弾？）が命中するなど、それなりに危険はあったが、日本人記者と分かると、革命派も守旧派も笑顔で対応してくれた。

このほか、当時の私はカイロを拠点として、エジプトとイスラエルの和平交渉やレバノンの内戦など、中東における歴史の大きなうねりをフォローし続けた。本書を訳しながら、私は当時の体験を思い出し、まさに万感胸に迫った。

原著はFarhad Khosrokhavar, *Les Nouveaux Martyrs d'Allah,*（Flammarion, Paris, 2003）である。著者ファルハド・ホスロハヴァルはフランス国立社会科学高等研究院（ＥＨＥＳＳ）の教授を務めるイスラム問題の権威で、本書でも個々の問題を極めて多角的に分析しているが、イスラム教徒と接触する機会が多いフランスの読者を念頭に置いて、日本人読者には必ずしも必要とは思えないイスラムの歴史的な側面などを詳細に紹介している個所もある。訳書では、その種の〝ぜい肉〟をカットして流れをスムースにする一方、日本では知られていない人物や出来事などについては訳注を付した。

本書には、アラビア語やペルシャ語が頻繁に登場する。フランスとイスラム世界の歴史的な関係を思うと決して不自然ではないが、日本の読者にとっては煩雑に過ぎる感もあるので、イスラム世界の動きを理解するうえで重要な範囲にとどめた。さらに、アラビア語は、中東や北アフリカの二〇カ国以上で公用語として使われているほか、イスラムを語る際の共通語としてアラブ世界の枠を超えて広く理解されているが、国や地域によって方言差が著しい。本書では、できるだけ標準的なアラビア語の発音に従ったが、マスメディアなどを介して日本で既に一定のカナ表記が普及している場合（「アッラーフ→アラー」「クルアーン→コーラン」など）は、それを尊重した。なお、「イスラム」という単語は本来「アラーへの服従」を意味し、それ自体が宗教を表しているため、「イスラム教」という表記は避けた。

翻訳にあたっては、本書の内容に早くから注目して出版を推し進めてくださった青灯社の辻一三氏と、解説の執筆を快諾された静岡県立大学国際関係学部の宮田律准教授に心から謝意を表したい。

二〇一〇年春

早良哲夫

〔著者〕ファルハド・ホスロハヴァル　１９４８年、イランのテヘランに生まれる。テヘランの文化高等教育省科学政策センター准教授（１９７９—１９９０）、米国イェール大学（２００８年）・ハーバード大学（２００９年）客員研究員等を経て、現在、フランス国立社会科学高等研究院教授。イラン問題とフランスにおけるイスラム問題の権威。著書『L'Islam des jeunes.』『Quand Al Qaeda parle.』ほか多数

〔訳者〕早良哲夫（さがら・てつお）　１９３３年生まれ。東京外国語大学卒業。ＮＨＫカイロ支局長、アジア太平洋放送連合（ＡＢＵ）報道部長などを経て、現在、翻訳家。主な翻訳書『核のジハード——カーン博士と核の国際闇市場』（ダグラス・フランツほか、作品社）『イランの核問題』（テレーズ・デルペシュ、集英社新書）ほか多数

なぜ自爆攻撃なのか

——イスラムの新しい殉教者たち

2010年6月30日　第1刷発行

著者　ファルハド・ホスロハヴァル

訳者　早良哲夫

発行者　辻一三

発行所　株式会社青灯社

東京都新宿区新宿1-4-13

郵便番号160-0022

電話03-5368-6923（編集）

03-5368-6550（販売）

URL http://www.seitosha-p.co.jp

振替　00120-8-260856

印刷・製本　株式会社シナノ

ISBN978-4-86228-042-8 C1031

小社ロゴは、田中恭吉「ろうそく」（和歌山県立近代美術館所蔵）をもとに、菊地信義氏が作成